2022年最新版

ボリンジャーバンドを使いこなせばFXはカンタンに稼げる!

standards

はじめに

多くのトレーダーが使っている
使いやすさが特徴のボリンジャーバンド

ボリンジャーバンドを正しく使う

ボリンジャーバンド（ボリバン）は数あるテクニカル指標の中でも特に人気が高いもののひとつです。見た目のわかりやすさと使いやすさから多くのトレーダーに好まれています。

しかし、どのテクニカル指標にも共通することですが、入門書に書かれているとおりに使っても安定した利益を得られるわけではありません。

シンプルに考えればわかることですが、ＦＸはゼロサムゲームなので、みんなと同じことをしていては勝つことは難しいのです。

実際にボリバンを使って勝っているトレーダーたちは、基本的な使い方を押さえつつ、自分なりの考えを盛り込み、他のテクニカル指標と組み合わせることで安定した利益を得ています。

また、入門書に書かれていることがすべて正しいとは限りません。ボリンジャーバンドの使い方の基本で説明されがちな「ローソク足がσラインを外側に突き抜けたらローソク足がσラインの中に戻るため、逆張りでエントリーする」といった使い方には否定的なトレーダーが多くいます。

本書の中でも詳しく解説しますが、そもそも逆張りは難易度が高いため、避けているトレーダーも多く、また、ローソク足がσラインを外側に突き抜けた後もトレンドが継続するケースも多いため、エントリーサインとしては信用性が低いという意見もあります。このように、実際にボリンジャーバンドを使ってトレードしているからこそ、わかってくる使い方もあります。

ひとつのテクニカル指標でさまざまな情報が得られる

ボリンジャーバンドの勝てる使い方というのは、一朝一夕で理解できるものではありません。そこで本書では、ボリバンで稼ぐ6人のＦＸトレーダーから勝てるボリバンの見方や使い方、本人の手法の解説、さらに過去に起こった相場の動きから実践的なシチュエーション別のトレード内容を説明していきます。

本書がＦＸで勝てるようになる手助けになれば幸いです。

本書の読み方

6人のトレーダーによるアドバイスを交え、ボリンジャーバンドをどのように使えばいいのかを解説していきます。

第1章　稼いでいる人がボリバンで見ているポイント

ボリバンを使う理由はなにか？　をはじめ全体的な視点からボリバンを解説しています。

第2章 成功トレーダーたちのボリバンのパーツの見方

ボリバンのパーツや動き方をトレーダーたちがどのように見ているのかを解説します。どこを重視しているのか、どのような使い方をしているのかがわかります。

第3章 稼ぐトレーダーのボリバン手法

ボリバンで稼ぐトレーダー自身のトレード手法を完全公開。自分に合ったトレード手法を見つけてください。

第4章 シチュエーション別パターン分析

相場が大きく動いているときや相場の動きが鈍いときなど、計12パターンのシチュエーションに合わせたトレーダーたちの実際のトレード内容を分析。相場状況に合わせてどうトレードすればいいのかがわかります。

本書でボリバンの見方・使い方をアドバイスしてくれるトレーダー

ボリバンを使って大きく稼ぐ現役のＦＸトレーダー６人

工藤浩二さん

ボリバンと長期移動平均線を使った長期トレード

ＦＸ歴▼10年

トレード期間▼長期

実績▼2020年の収支5000万円

高田一さん

MACDでエントリータイミングを計る

FX歴▼8年

トレード期間▼長期

実績▼2020年の収支400万円

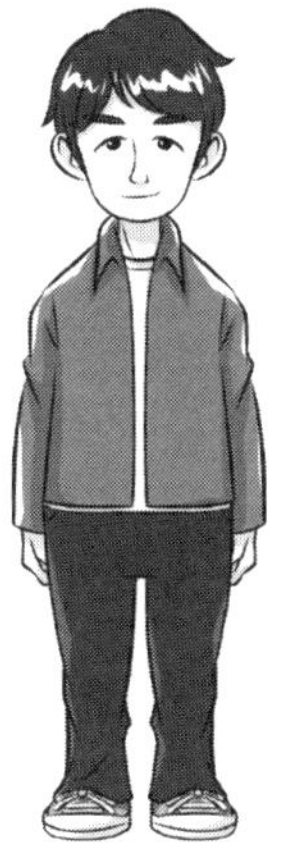

真田恵美さん

ボリバンだけでトレードを完結させる

FX歴▼8年

トレード期間▼長期

実績▼2020年の収支150万円

向井忠弘さん

ボリバンと一目均衡表の雲でトレードする

FX歴▼12年

トレード期間▼長期

実績▼2020年の収支300万円

田所博美さん

ミドルラインと移動平均線のクロスでエントリー判断

FX歴▼9年

トレード期間▼長期

実績▼2020年の収支250万円

近藤毅さん

ADXとCCIを使い分けてさまざまな相場に対応する

FX歴▼12年

トレード期間▼長期

実績▼2020年の収支200万円

まずは基本的な使い方を抑えて、勝てる使い方を知るための下地を作ろう

ボリンジャーバンドの基本を押さえよう

▼まずはボリバンの基本的な使い方

本書では、ボリバンで稼ぐトレーダーたちの見方や使い方を解説していきますが、その前に一般的な使い方をおさらいしておきましょう。

注意点としては、ここでの基本はあくまで一般的にいわれている使い方であって、本書で紹介するトレーダーたちの使い方ではありません。なかには、本書で解説する使い方とは矛盾する部分もありますが、ご了承ください。

ボリバンとは1980年代に「ジョン・ボリンジャー」によって考案されたテクニカル指標です。

7本のラインで構成されており、中心にあるラインはミドルラインと呼ばれる移動平均線です。

ミドルラインから上に離れるにしたがってプラス1σ、プラス2σ、プラス3σと呼ばれ、下に離れるにしたがってマイナス1σ、マイナス2σ、マイナス3σと呼びます。σをまとめて「σライン（シグマライン）」と呼ぶこともあります。

統計学上σの内側に現在値が存在する確率は次のようになっています。

- **現在値は「±1σ」内に63・8％の確率で存在する**
- **現在値は「±2σ」内に95・5％の確率で存在する**
- **現在値は「±3σ」内に97・7％の確率で存在する**

よくある使い方は、プラス2σとプラス3σを上値抵抗線、マイナス2σとマイナス3σを下値支持線として、ローソク足がこれらのラインを越えたり突き抜けたら反転すると考え逆張りするという使い方です。なお、±1σはその範囲外に現在値が存在する確率は36・2％なので売買サインは出やすい一方、信頼度が低くなります。±3σはその範囲外に現在値が存在する確率は2・3％しかないので、サインは出にくい一方、信頼度が高いといわれています。

逆にこれらのラインを勢いよく越えたら、トレンドの勢いが強いため順張りでトレードするという説明がされることもあります。

ミドルラインでトレンドを確認

ボリバンはミドルラインを併せて見ることで、売買サインの精度をより高めることができます。ミドルラインは、上向きなら「上昇トレンド」、下向きなら「下降トレンド」というのが基本的な見方です。ボリバンで買いサイン（売りサイン）が出ているときに、ミドルラインが上向き（下向き）であれば、その後上昇する（下落する）可能性が高いと考えることができます。

基本的に、ミドルラインの方向に合わせてエントリーすれば、トレンドに対して順張りのトレードになるのでリスクを抑えることができます。

ボリンジャーバンドの基本的な使い方

ボリンジャーバンドの構成

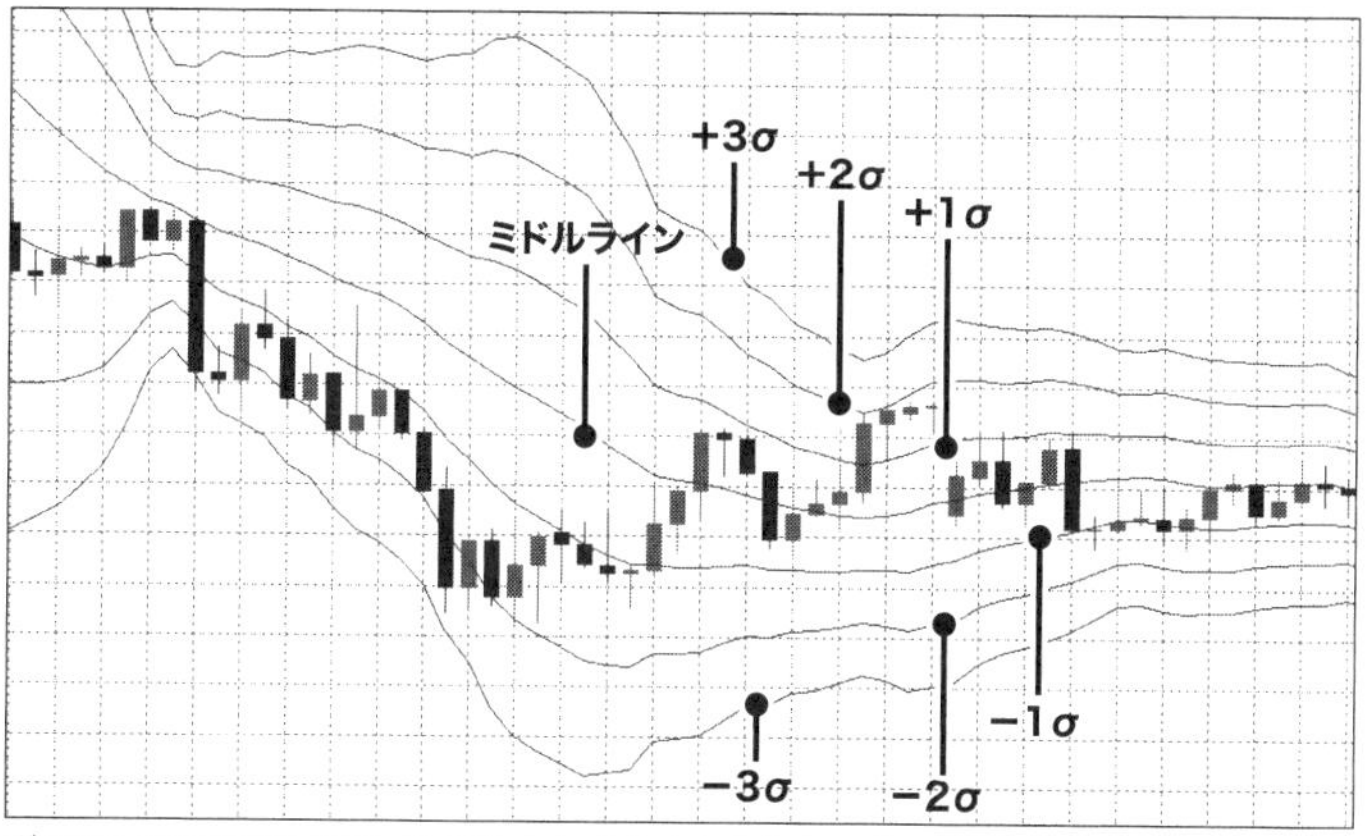

ボリバンは最大７本のラインでトレンドの方向やトレンドの強弱がわかる。

σラインの使い方

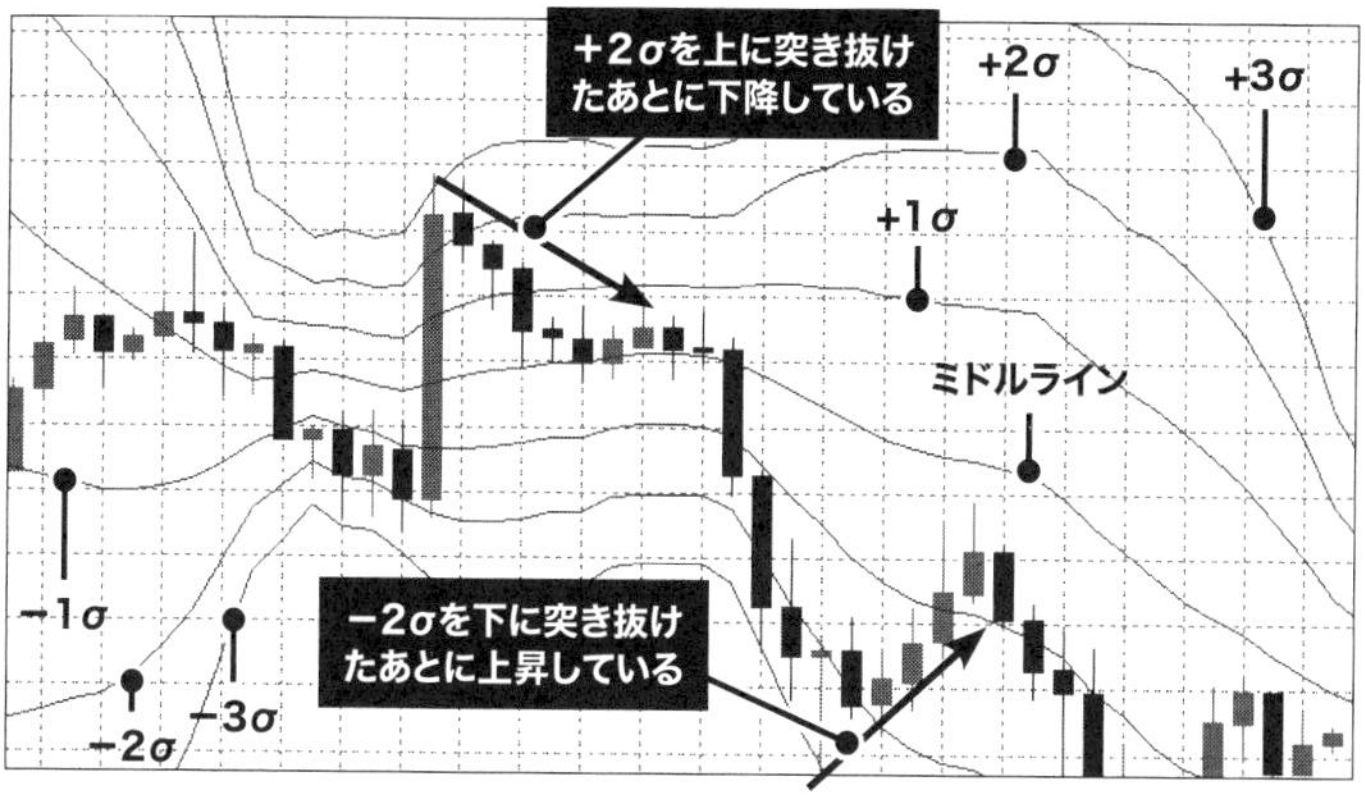

±2 σを突き抜けると反発しやすいため売買サインになる。±3 σも突き抜けたあとに反発する可能性は高い。

目次

第3章

稼ぐトレーダーのボリバン手法

必ずお読みください

FXはリスクを伴う金融商品です。本書で紹介している内容によっての投資の結果に著者、および出版社は責任を負いません。実際の投資を行う際にはご自身の責任においてご判断ください。

第1章

稼いでいる人がボリバンで見ているポイント

FX初心者からベテラントレーダーまで愛用するボリバン。なぜ稼いでいる人はボリバンを使うのか、負けている人とどのような違いがあるのか、まずは大きな視点で確認していこう。

01 ボリバンは相場状況がわかりやすい

▼ひとつのテクニカル指標でさまざまな情報が得られる

「相場状況がわかりやすい」これが本書で紹介するトレーダーたちがボリバンを使う理由です。

ミドルラインの方向でトレンドの方向性がわかり、σラインをローソク足が抜ければトレンドの継続と判断、σラインでローソク足が反発すれば、押し目や戻り、トレンドの反転などの可能性があるという判断ができます。また、σラインが開き始めれば強力なトレンドの発生、閉じ始めればトレンドの終了の判断もできます。

わかりやすさが最大の特徴

ボリバンを使うのは、ほかのテクニカル指標に比べて相場状況が把握しやすいのが大きな理由です。トレンドの方向からトレンドの強弱、トレンドの始まりや終わりなどトレンドに関することがほとんどわかります。ひとつのテクニカル指標でここまで情報が得られるものは少ないので重宝しています。（工藤さん）

▼ボリバンだけでトレードができる

ボリバンの強みは、ボリバンだけでトレードが完結しやすい点にあります。たとえば、移動平均線はトレンドの方向性を確認するために使うのには優秀ですが、売買サインとされるゴールデンクロスやデッドクロスはダマシが多かったり、サインが出るタイミングが遅いなど単独で使うには厳しい面があります。また、オシレーター系は売買タイミングを見極めるために使うには優秀ですが、他のテクニカル指標と併用しないとダマシが多くなるという欠点があります。

その点、ボリバンは前述したようにトレンドの方向性や強さを判断できるうえに、ローソク足がミドルラインやσラインを突き抜けたことを売買サインとすることもできるので、ボリバンひとつだけでも売買するのに耐えられる設計になっています。

単独で完結している

他のテクニカル指標はダマシが多かったり、単独ではトレンドがわからないといった欠点がある一方で、ボリバンはダマシが少なく、単独でトレードを完結できる機能があるのがメリットです。もちろん、他のテクニカル指標との併用も有効ですが、単独でも十分優秀な性能を持っています。(高田さん)

相場状況がわかりやすい

ボリバンはさまざまな機能が備わっている

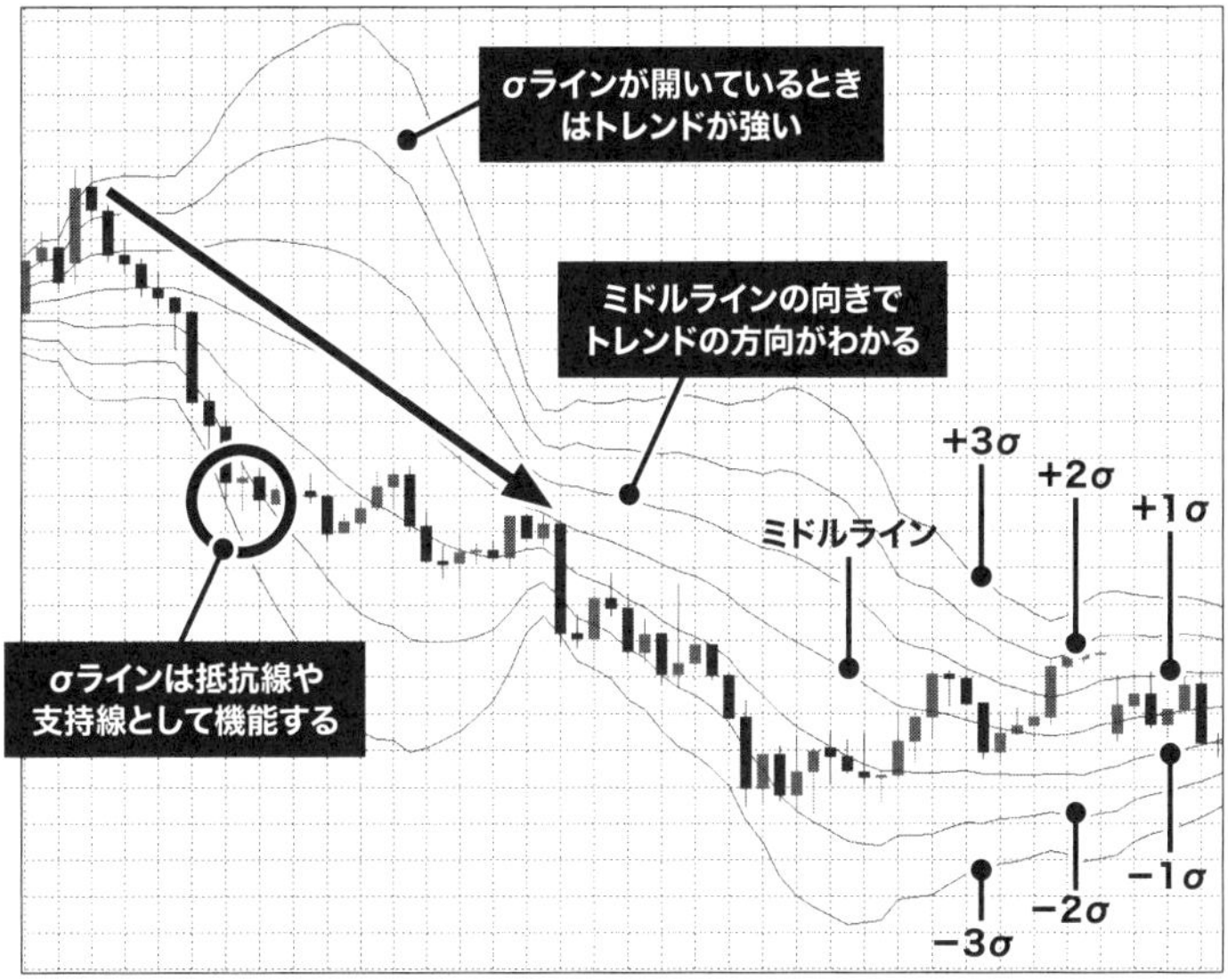
σラインが開いているとき
はトレンドが強い
ミドルラインの向きで
トレンドの方向がわかる
+3σ
+2σ
+1σ
ミドルライン
σラインは抵抗線や
支持線として機能する
−1σ
−2σ
−3σ

σラインでトレンドの強さを判断し、ミドルラインでトレンドの方向性がわかる。また、σラインやミドルラインは抵抗線や支持線として機能する。

パッと見て相場の
状況がわかる!

02

ミドルラインを見ないでトレードする人は負ける

▼トレンドを見ずにトレードするのはNG

ボリバンを使っていて負けている人の共通点はミドルラインを見ていないことです。

真田さんは「ローソク足がσラインを反発したか、突き抜けたかだけを見て、ミドルラインの方向性を見ていない人が多い」と言います。

たとえば、ミドルラインが下向きなのに、ローソク足がプラス1σを上に突き抜けたから買いエントリーすると損失を出してしまう可能性が高いです。下降トレンド中にローソク足がプラス1σを上に突き抜ける動きは、戻りの動きの可能性が高く、買いエントリーには適していないといえます。

これは、ダマシというわけではなく、そもそもの使い方が間違っているというのが真田さんの意見です。

また、向井さんも指摘します。

「そもそも、トレンドを見ずにトレードをしていては勝てません。ミドルラインも大事ですが、全体的なトレンドがどうなっているのかを確認することも重要です。たとえば、1時間足でトレードするならトレード前に4時間足のトレンドはどうなっているのか、日足のトレンドはどうなっているのかを確認することも重要です。4時間足や日足が上昇トレンドなら、上昇の勢いが強いから買いエントリーを中心にトレードをしようといった戦略を立てることも大事です」

せっかく、ボリバン単独でトレンドの方向性や強さを確認できるのだから、トレード前にミドルラインの向きやσラインの開き具合、ローソク足とσラインの位置関係を見て、相場状況を確認してから、トレードに挑むのが適切だというのが本書で紹介するトレーダーの共通意見です。

トレンドは大事

初心者に多いのはトレンドをないがしろにすることです。トレードする上でトレンドは非常に重要なので、真っ先に確認すべきことです。ボリバンを使うなら、チャートを開いて、ミドルラインの方向性を確認することを習慣化するようにしましょう。（近藤さん）

ミドルラインでトレンドを確認する

ミドルラインの方向にローソク足が動く

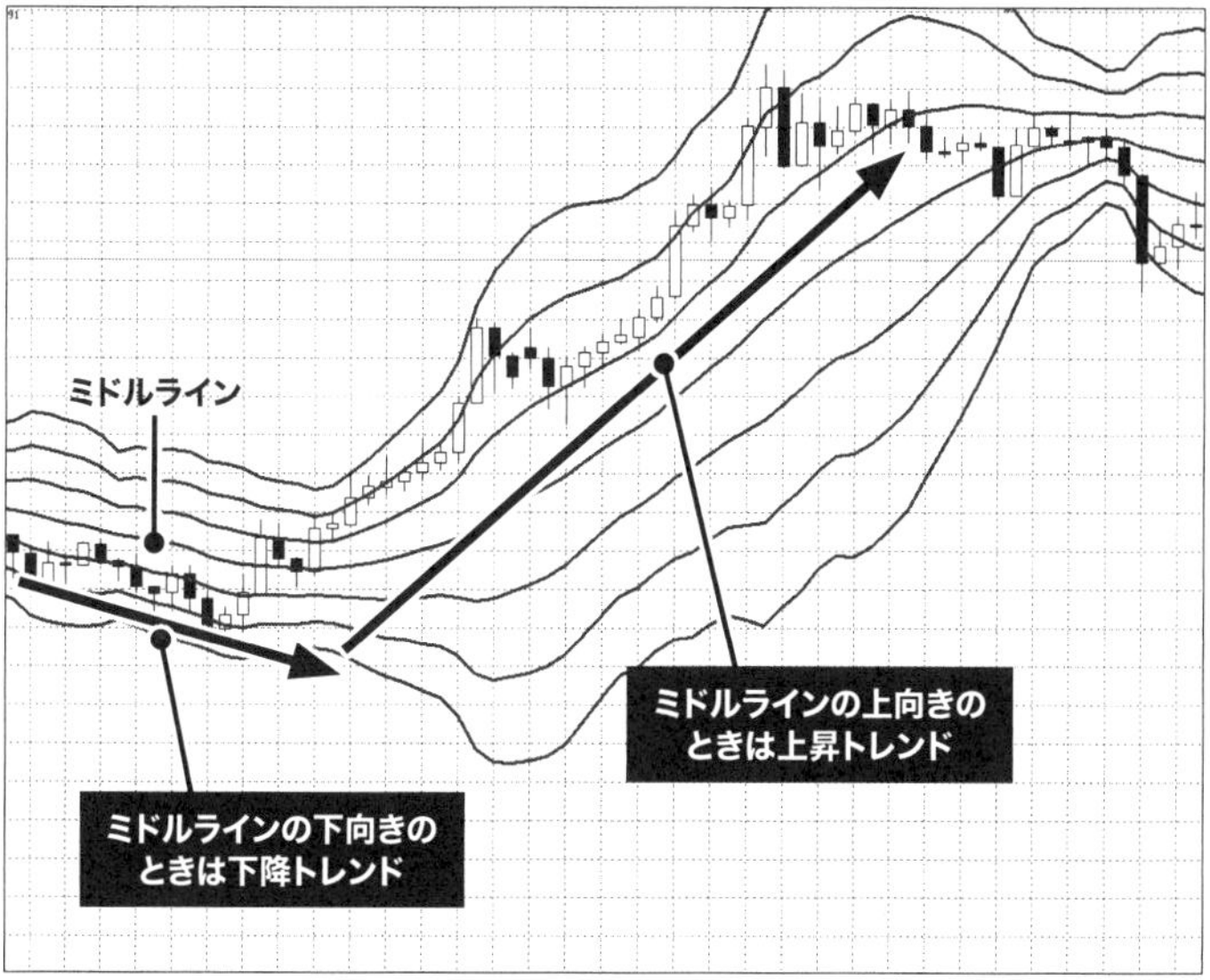
ミドルライン
ミドルラインの上向きのときは上昇トレンド
ミドルラインの下向きのときは下降トレンド

トレンドはミドルラインが示している。

ミドルラインを見てトレンドを確認！

まずは、トレンドとボリバンの関係を見ていこう

03

初心者はボリバンの動きから覚えよう

▼ボリバンがどのような動きをしているのかを確認する

ボリバンをこれから使いたいという人はまずは、トレンドとボリバンの関係性を覚えていきましょう。

チャートにボリバンを表示して、ローソク足が激しく動いているときのボリバンの動きを確認していきましょう。

「ローソク足が激しく動くときは、大きな利益や大きな損失を生む可能性があります。どちらにしても、トレードに大きな影響をあたえるので、まずはローソク足が大きく動いたときのボリバンの動きを覚えたほうが無難です」と田所さんは

言います。

チャートを見るとわかりますが、トレンドの始まりにはエクスパンションが発生します。逆にトレンドが終了するとスクイーズが発生します（詳しくは52ページ参照）。ボリバンは基本的に、エクスパンションとスクイーズを交互に繰り返しています。

単純に考えるとエクスパンションが発生したらエントリーし、スクイーズが発生したらイグジットをするというのがボリバンを使った投資の必勝パターンです。まずは、このことを理解しましょう。

「エクスパンションやスクイーズにもダマシがあるので、そこをいかにして避けるのかというのがボリバンを使った手法の課題になります。そのためにも、トレード前にトレンドを確認するという作業が必要になるわけです」と真田さんは言います。

そのほかにも、ローソク足がσラインで反発したときやσラインを突き抜けたときのその後の動きなどもどんなパターンがあるのかを見ていきましょう。

エクスパンションとスクイーズの繰り返し

相場はトレンドが発生↓（もみ合い）↓トレンドの終了↓（もみ合い）↓トレンドの発生が繰り返されています。トレンド発生時はエクスパンション、終了時はスクイーズが発生するので、ボリバンの動きもエクスパンションとスクイーズの繰り返しになります。（真田さん）

エクスパンションとスクイーズは繰り返す

ボリバンの動きを確認しよう

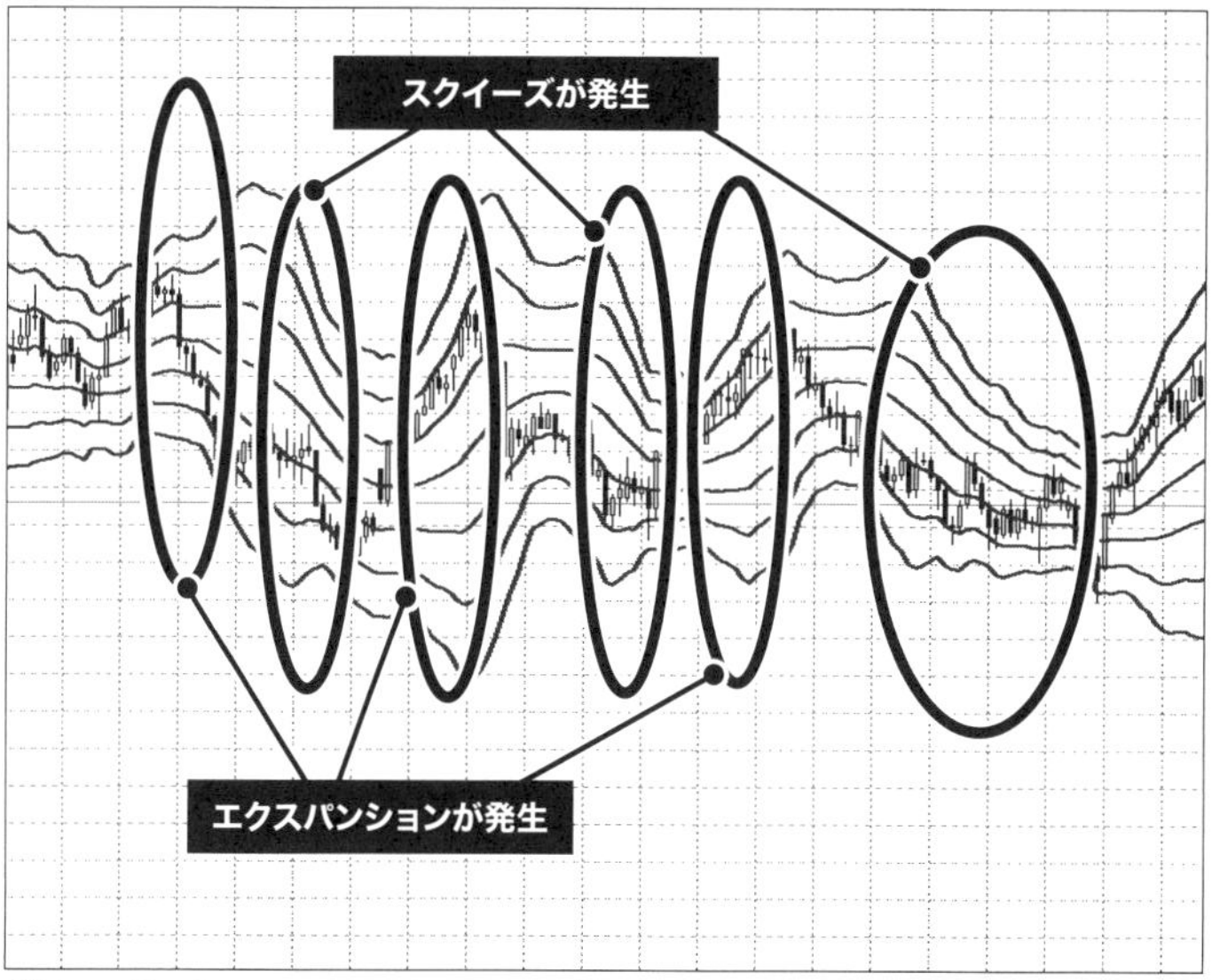
スクイーズが発生
エクスパンションが発生

ボリバンはエクスパンションとスクイーズが繰り返し発生する。

エクスパンションでエントリーを狙います

04

ボリバンは順張りトレードに使う

ボリバンは順張りトレードが鉄板

ボリバンの使い方として「逆張り」に使うという説明がされがちですが、本書で紹介するトレーダーたちの間では「順張り」のほうが効果的だとされています。「ローソク足が±3σや±2σをブレイクで逆張りをするのは、リスクとリターンが見合っていません。成功したときのリターンは大きいですが、失敗したときの損失も大きくなります。それに、逆張りは勝率も低いので、投資センスがある人でない限りは勝ち続けることは難しいと思います」と工藤さんは言います。

逆張りはリスクが高い

逆張りはリスクが非常に高いです。トレードをしたときの損失が大きいのですが、よほどうまくトレードしない限りは順張りよりも勝率は低くなりがちです。長期的なリターンを考えると順張りトレードのほうが稼ぎやすいといえるでしょう。少なくとも、トレードになれていない初心者は手を出さないほうが無難です。（田所さん）

▼初心者にとって難しい要素が多い

逆張りは初心者にとって難しい要素があります。エントリーするにしても、上昇中に売りエントリーをしたり、下降中に買いエントリーをしたりするのでタイミングをはかるのが難しいのです。ただ単純に±3σをブレイクしたらエントリーするというのも、完全にブレイクすることはほぼないので、どのタイミングで行うのかを考える必要があります。損切りも同様に売りエントリーしたものの、どんどん上昇している場合にどこで見切るのかという問題もあります。

一方、順張りの場合は、上昇しているときや下降しているときにその方向に向かってエントリーするので、逆張りに比べると悩むポイントが少ないと言えます。ローソク足が比較的ブレイクしやすいミドルラインや±1σのブレイクをエントリーサインにすれば、初心者でも簡単にエントリーできます。損切りについてもローソク足が反転したらイグジットすればいいだけなので、どこで見切るのかというのも逆張りに比べれば簡単にできます。

「逆張りの損切りについては、あと少ししたら反転するはずという考え方が順張り以上に強く出てしまいます。1回のトレードの利益が大きい分、思考がギャンブル的な発想になりがちなので、初心者や自制ができない人は避けたほうが良いですね」と高田さんは言います。

順張りのほうがトレードしやすい

トレンドに合わせたトレードを心がける

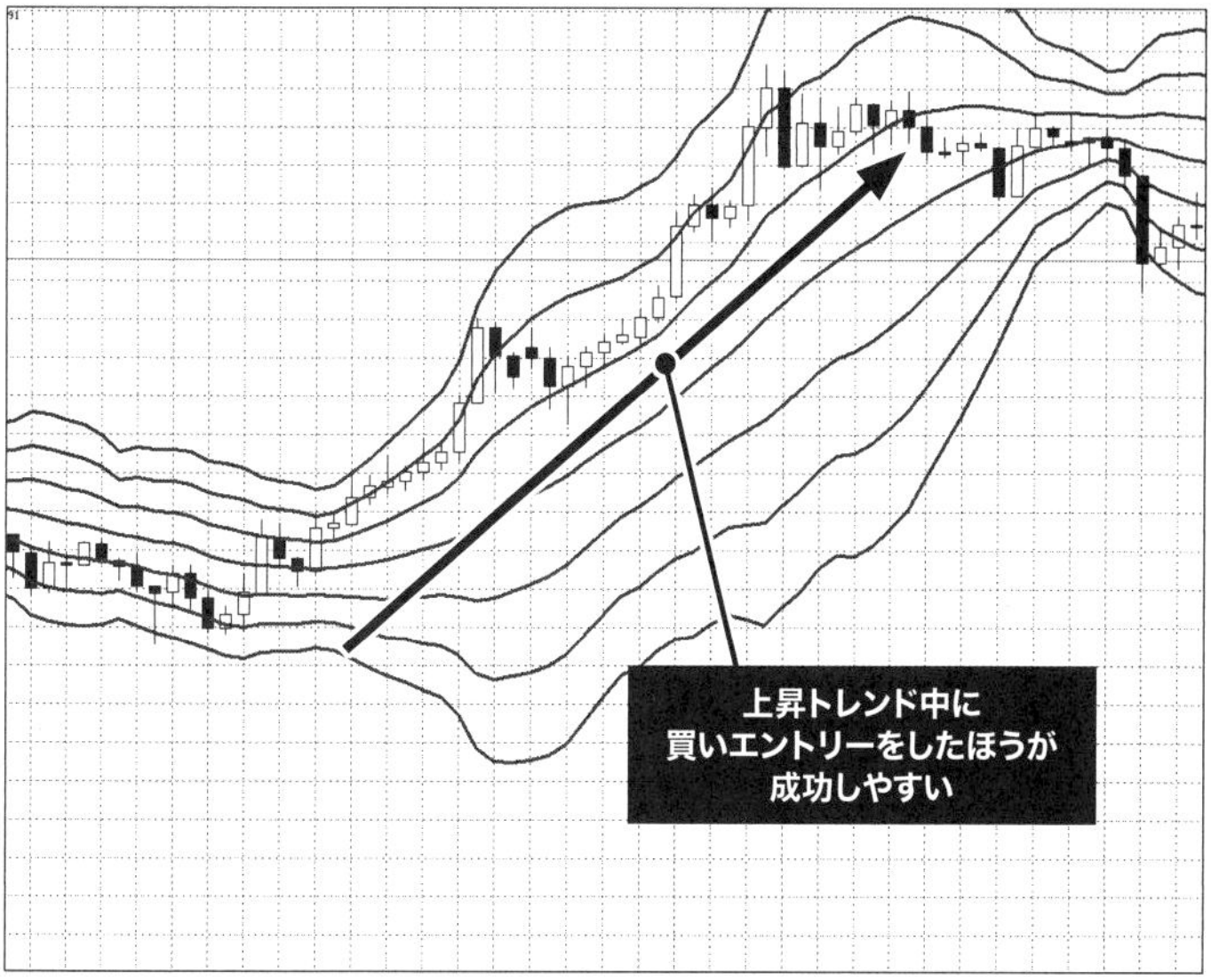
上昇トレンド中に
買いエントリーをしたほうが
成功しやすい

上昇トレンド中に買いエントリーをしたほうが間違いがない。

トレンドどおりに
トレードを行おう

05

他のテクニカル指標と組み合わせるのも有効

▼いろいろなテクニカル指標と相性が良い

ボリバンは、他のテクニカル指標と相性が良いのも特徴です。

トレンドの方向性を確認するための精度を上げるために短期や長期の移動平均線を併用したり、売買タイミングの精度を上げるためにオシレーター系テクニカル指標と組み合わせたりするのも有効です。

ボリバンのミドルラインは移動平均線と同じ仕組みなので、短期や長期の移動平均線と併用して、ミドルラインとのゴールデンクロスやデッドクロスで売買判断をするトレーダーもいます。

精度を上げたい部分を補強する

ボリバンはひとつのテクニカル指標で完結しています。他のテクニカル指標と組み合わせるのであれば。精度を上げたい部分を補強するという考え方でテクニカル指標を組み合わせましょう。トレンド分析を補強したいのであればトレンド系、売買サインを補強したいならオシレーター系を組み合わせるといいでしょう。（工藤さん）

テクニカル指標の表示しすぎに注意

ボリバンに限った話ではないですが、テクニカル指標を表示しすぎるのには注意が必要です。

4種類も5種類もテクニカル指標を表示してしまうと、それぞれのテクニカル指標で相場分析をするだけでも一苦労です。とくにローソク足が表示されるチャートの上にトレンド系テクニカル指標を何個も表示させるとラインが何本も表示され、どれがどのラインかぱっと見でわからなくなってしまいます。

　表示させるテクニカル指標は多くてもボリバンに加えてふたつ程度に抑えたほうが良いでしょう。

テクニカル指標を増やしすぎない

表示しすぎると見にくくなる

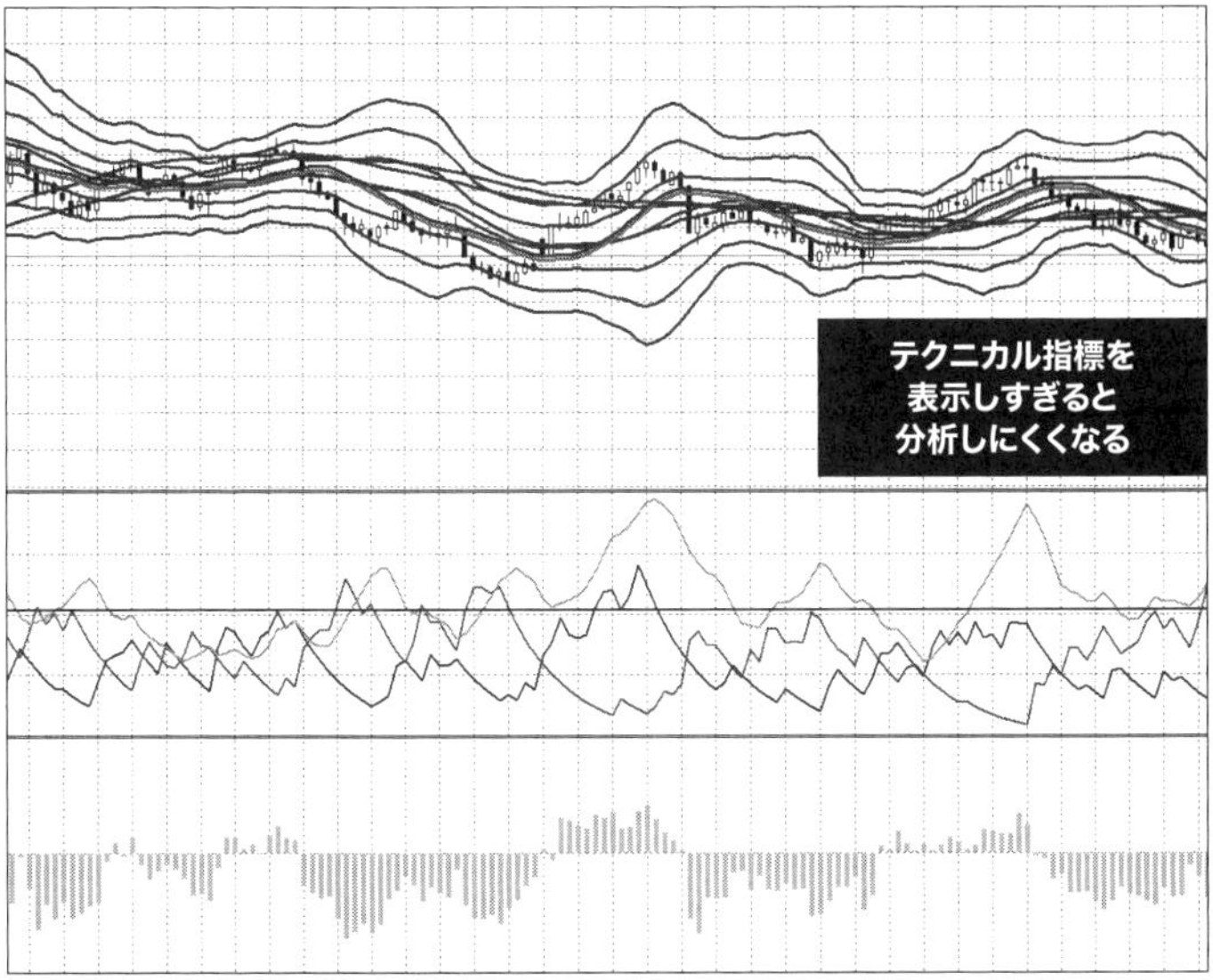
テクニカル指標を
表示しすぎると
分析しにくくなる

テクニカル指標を表示しすぎるとチャートが見にくくなるだけでなく、相場分析にも時間がかかってしまう。

ボリバン以外に
ふたつ程度に抑える

GAME

第2章

成功トレーダーたちのボリバンのパーツの見方

ボリバンの基本だけでは稼げるわけではない。成功トレーダーたちは、ボリバンを構成するパーツの動きやローソク足との関連性から相場を読み解いている。成功トレーダーたちが何を見て、どう活用しているのかを解説しよう。

01 ミドルラインの使い方

▼使い方は移動平均線と同じ

ボリバンのミドルラインはミドルラインという名称を使っていますが線を描写する計算方法は「移動平均線」と同じです。つまり、使い方も移動平均線と同様です。

多くの場合、ボリバンの参照期間は「21」がデフォルト設定になっているので、参照期間「21」の移動平均線として使えます。

第1章で説明したように、ミドルラインはトレンドの向きを把握するために重要なラインです。

また、支持線や抵抗線としても機能するので、エントリーやイグジットの基準としても使われています。

「中期移動平均線として、参照期間を２００などに設定した長期移動平均線や14程度に設定した短期移動平均線と併用して、ミドルラインとのクロスを売買サインにしたトレードもできます」と工藤さんは言います。

移動平均線の基本的な使い方と同じ

ボリバンのミドルラインは移動平均線と同じです。そのため、使い方や性質は移動平均線と変わりません。移動平均線の基本であるラインの方向を見てトレンドを判断することと、支持線と抵抗線として見るという使い方をします。また、長期移動平均線や短期移動平均線と併用してゴールデンクロスやデッドクロスで売買判断をするのも有効です。（工藤さん）

トレンド確認に利用する

ミドルラインの方向に注目

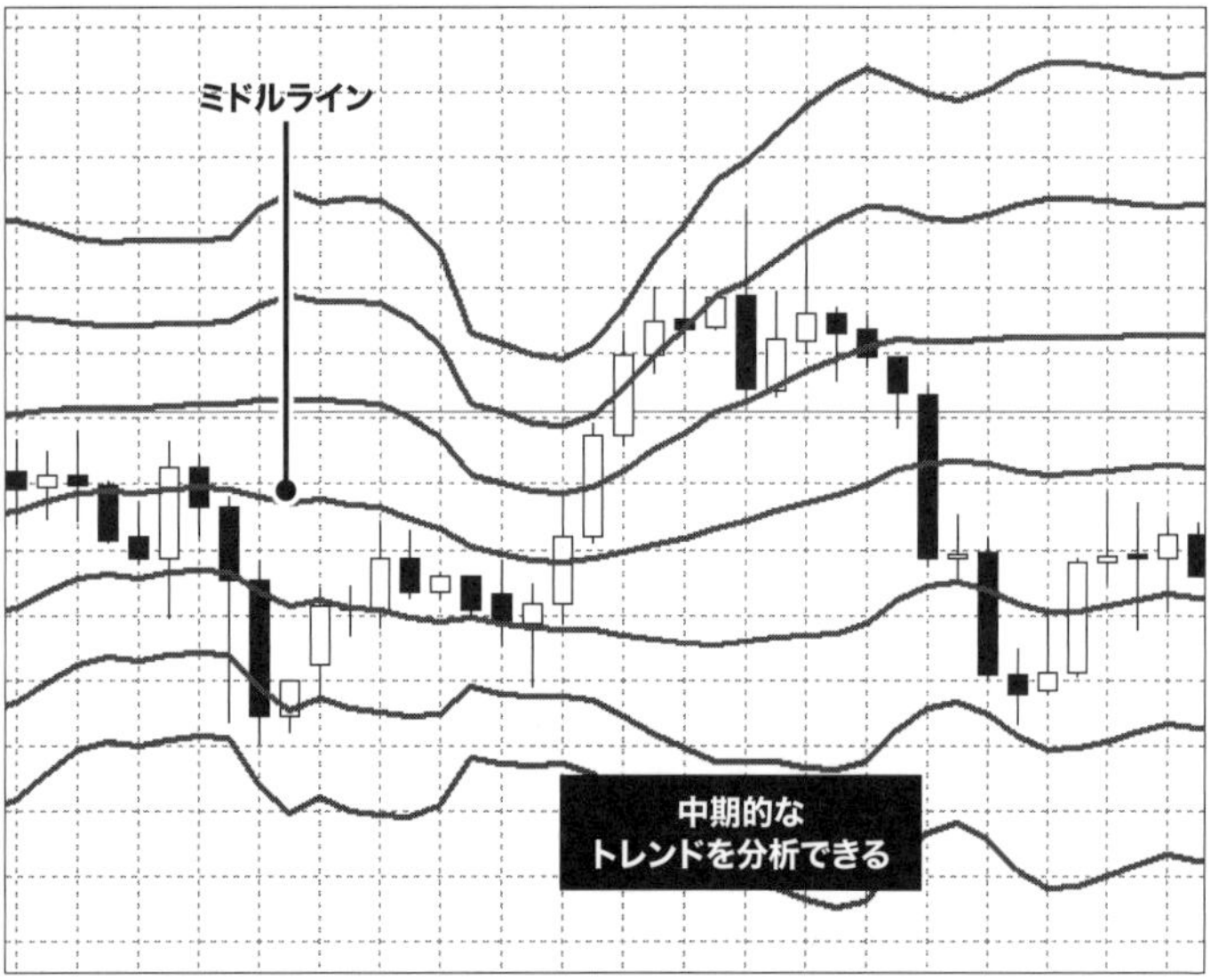

ミドルライン
中期的な
トレンドを分析できる

ミドルラインで中期的なトレンドを確認しながらトレードするのも有効。

支持線や抵抗線としても機能する

トレンドが弱いときは特に反応しやすい

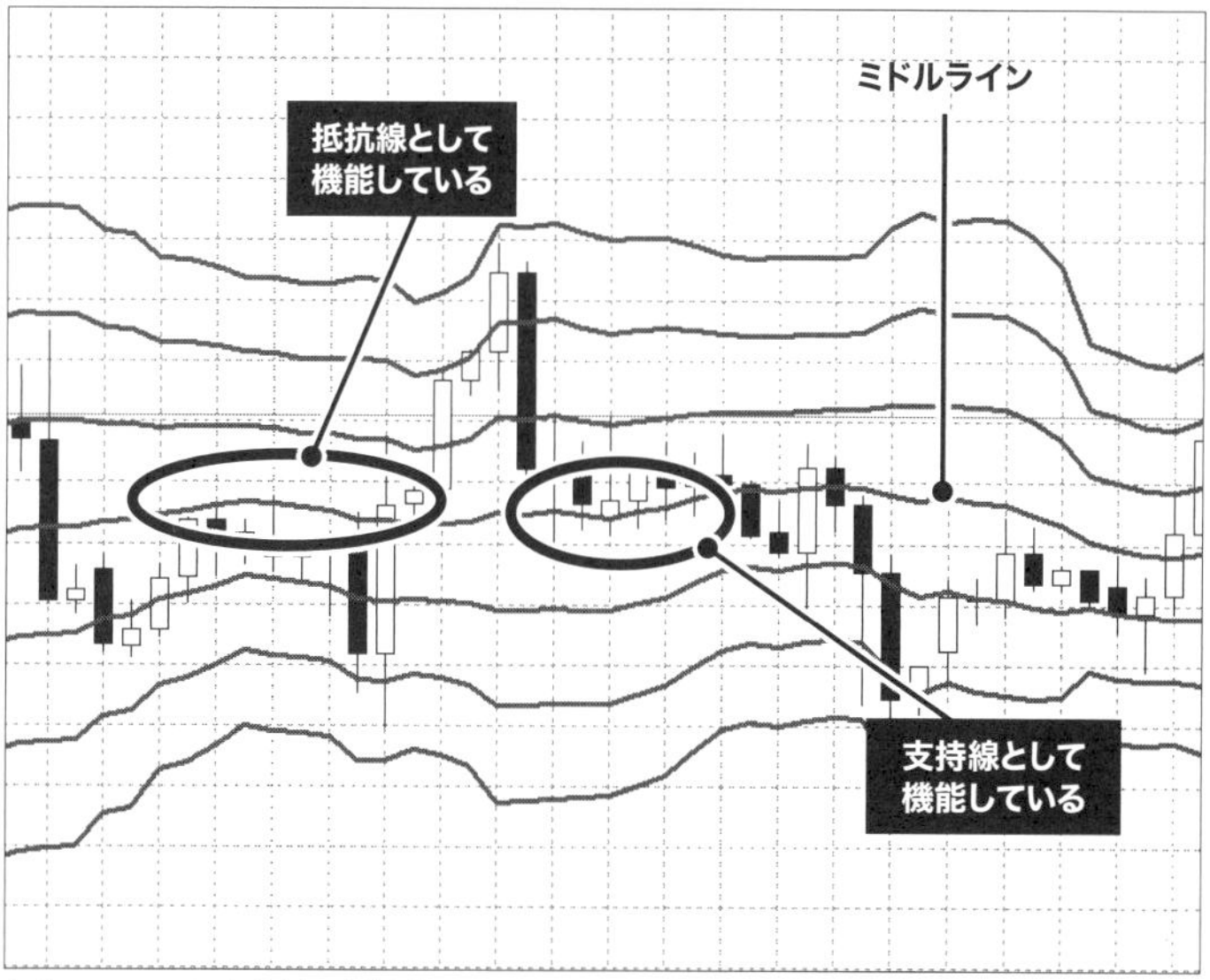
ミドルライン
抵抗線として
機能している
支持線として
機能している

ミドルラインは支持線や抵抗線として機能する。ローソク足がミドルラインを突き抜けたことでトレンド発生の合図になることもある。

ミドルラインは
移動平均線とおなじ性質

02

σラインはローソク足との関係に注目する

支持線や抵抗線として機能する

σラインはボリバンの大部分を占めるパーツです。σラインを説明するときによく統計学上で±1σに現在値が収まる確率は68・26%、±2σ内には95・44%、±3σ内には99・73%というものがありますが、これは覚える必要はありません。

「この細かい数字を覚える必要はありません。実際トレードしてみるとわかりますが、この数字どおりには動いていません」と田所さんは言います。

σラインで大事なのは±1σ、±2σ、±3σの順に支持線や抵抗線の力が強まるということです。

ローソク足が±1σを突き抜けると、突き抜けた方向へのトレンドが強いと判断でき、±2σを突き抜けたら更に強いトレンドが発生、±3σを突き抜けたら、そろそろ勢いが落ちるはずといった考え方ができます。また、σラインでローソク足が反発したらトレンド転換の可能性が高いといったような考え方ができます。

σラインを使うときに気を付けたいのは±3σは通常の支持線や抵抗線とは性質が異なる点です。通常、支持線や抵抗線をローソク足が突き抜けたときは、突き抜けた方向に強いトレンドが発生したと判断します。

しかし、±3σは強い支持線や抵抗線として機能しますが、ローソク足が±3σを突き抜けた場合、反転する可能性もあります。そのため、±3σを突き抜けたことを理由にエントリーするのはリスクが高いと言えます。

ただし、バンドウォーク（56ページ参照）発生時はトレンドの継続を意味するので、トレードするというトレーダーもいます。

±3σは±2σ、±1σとは違う

σラインは支持線や抵抗線として機能します。そのため、σラインを突き抜けたり、反発したりしたことを理由にトレードすることが一般的です。ただし、±3σについては、通常の支持線や抵抗線と異なり、ローソク足が突き抜けたとしても、突き抜けた方向に強力なトレンドが発生しにくく、逆にトレンドが反転することも少なくないため、エントリーの基準にするのは避けたほうが良いでしょう。（田所さん）

支持線や抵抗線として機能する

ローソク足がσラインで反発しやすい

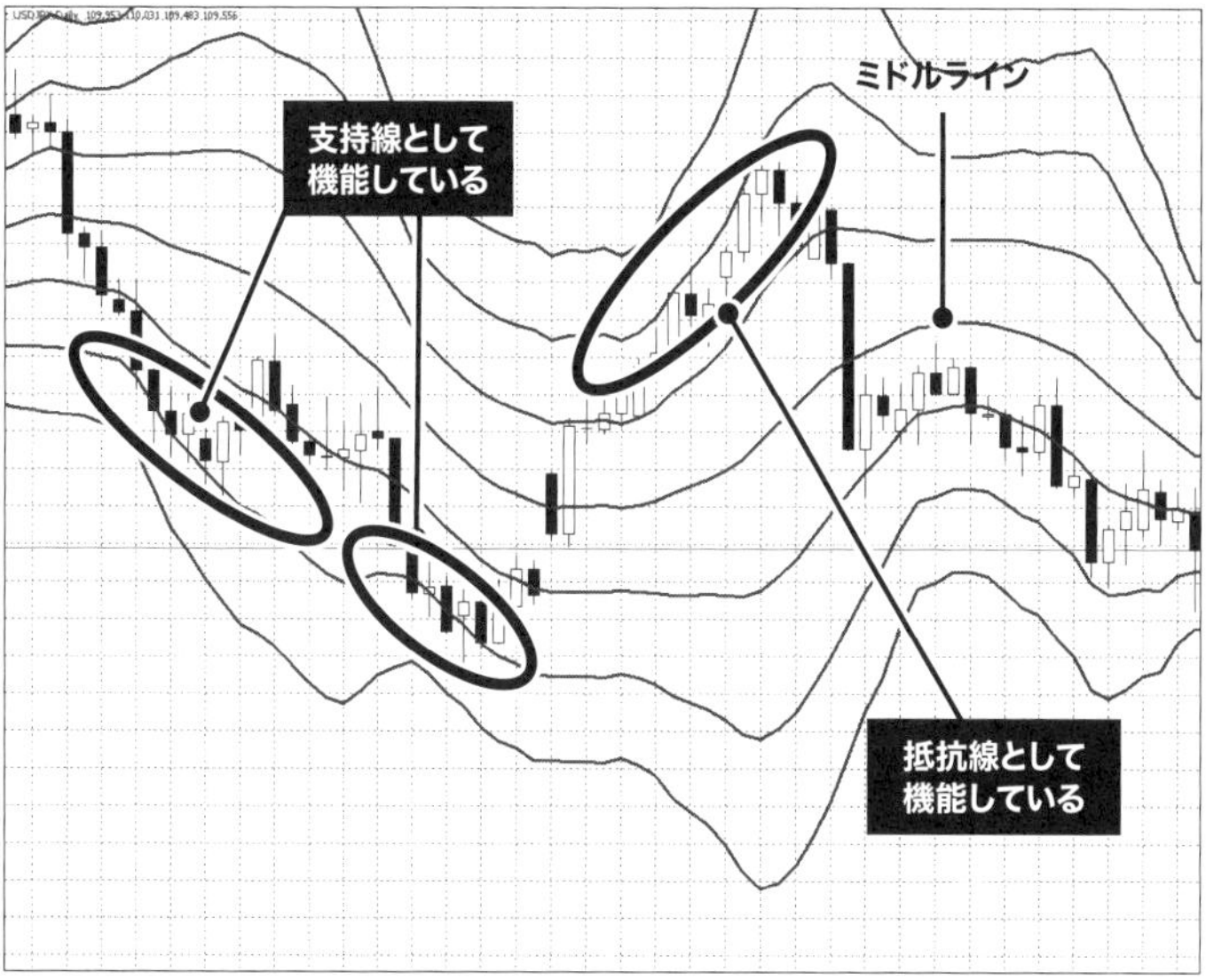
支持線として
機能している
ミドルライン
抵抗線として
機能している

σラインは支持線や抵抗線と機能する。ローソク足がトレンドと同じ方向にσラインを突き抜けると大きく動きやすい。

ローソク足がσラインを
突き抜けると
エントリーチャンス

03 エクスパンションとスクイーズを手法に組み込む

ボリバンならではの動き

ボリバンにはスクイーズとエクスパンションと呼ばれる動きがあります。スクイーズとは押しつぶすという意味で、σラインが収縮して押しつぶされはじめた状態を指します。ボリバンがこの状態になっているときはトレンドが終了していることを意味し、もみ合い相場や直前のトレンドとは反対方向に推移することが多い傾向にあります。

エクスパンションは、スクイーズとは逆にσラインが開いている状態を意味します。この形状は強いトレンドが発生することで形成されます。そのため、エントリーするには適した状況とも言えます。

エクスパンションとスクイーズは交互に発生します。そのため、エクスパンション発生時にエントリーし、スクイーズが発生したらイグジットするのが基本です。

エクスパンションはエントリーのチャンス

ボリバンの特徴的な動きであるエクスパンションはトレンド開始の合図です。そのため、エントリーのチャンスでもあります。逆にスクイーズはトレンド終了の合図なのでイグジットのチャンスになります。エクスパンションでエントリーし、スクイーズでイグジットという基本を押さえつつ、ダマシの回避や、細かなエントリーやイグジットのタイミングを考えることで勝てるボリバンを使った手法になります。（真田さん）

エクスパンションでトレンド発生

σラインが開いている状態

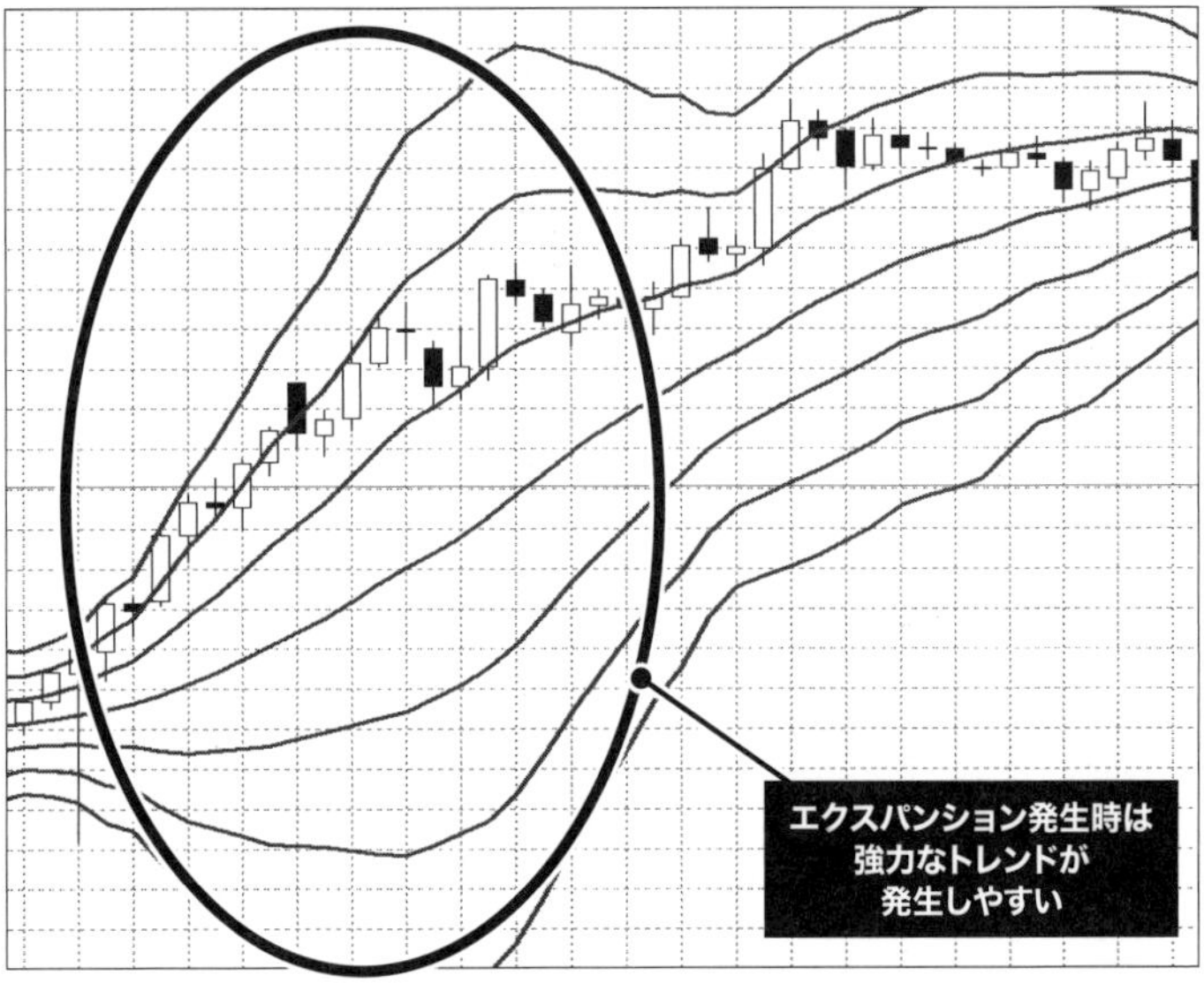

エクスパンションが発生したときはエントリーチャンスになりやすい。

スクイーズでトレンド終了

σラインが閉じている状態

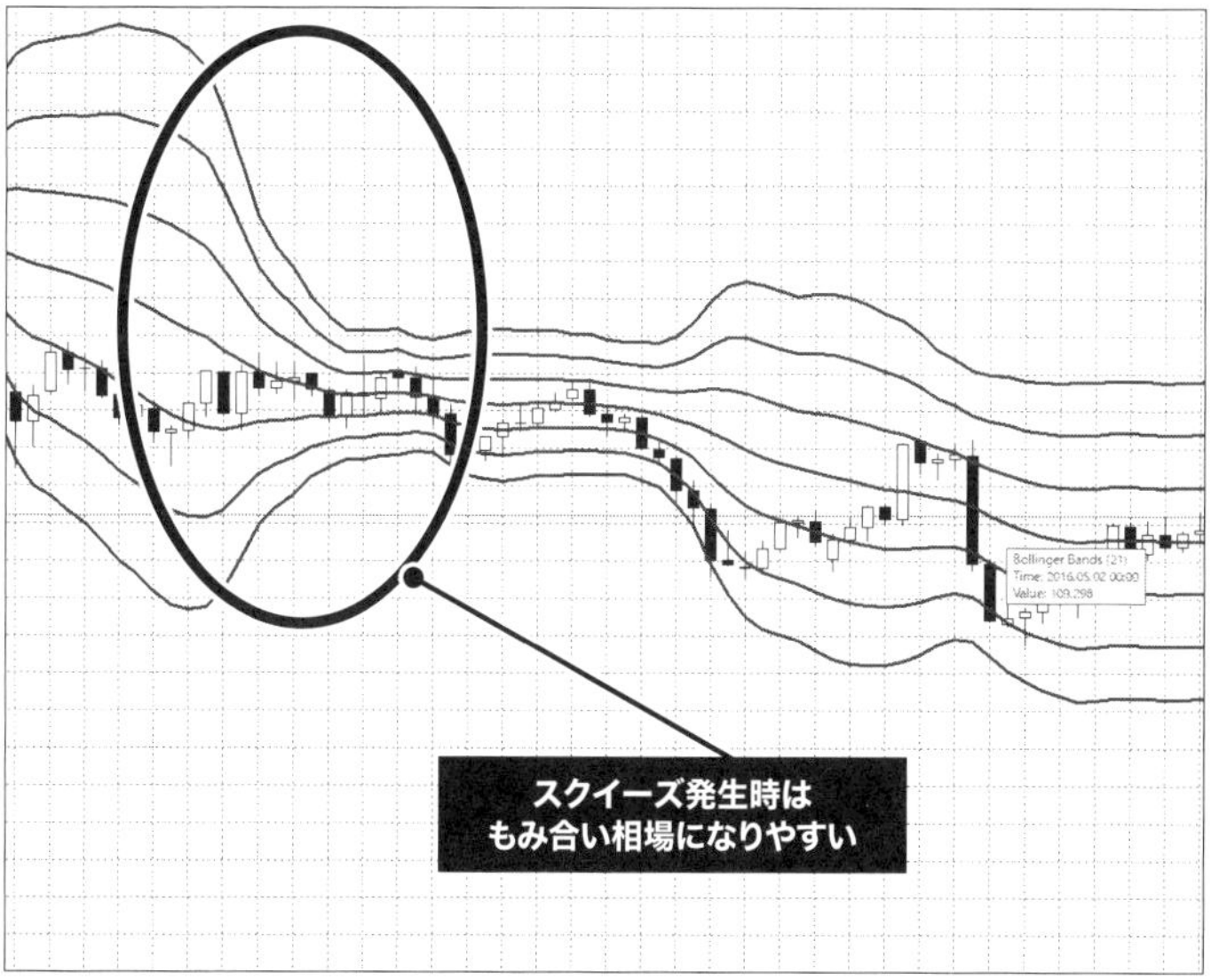

スクイーズが発生するともみ合い相場になりやすく、イグジットのタイミングになりやすい。

04

バンドウォーク時のトレードはハイリスクハイリターン

▼強力なトレンドが発生しているサイン

ボリバンには「バンドウォーク」と呼ばれる状態があります。バンドウォークとはエクスパンション発生中に、±2σや±3σに沿うようにしてローソク足が推移している状態です。これは、非常に強力なトレンドが出ているときに発生します。

バンドウォークは終了後、ローソク足が大きく反転する可能性があるため、トレードするにはハイリスクハイリターンであると言えます。

本書で紹介するトレーダーの中には、投資資金の状況によってバンドウォークを狙うという人もいます。

「ハイリスクハイリターンなので、資金などに余裕がないときは狙ってトレードは行いません。月間ベースで利益が出ているときや、投資資金に余裕があるときに限ってトレードをします」と真田さんは言います。

また、本書で紹介するトレーダーのなかでバンドウォーク中にポジションを持っている場合、あえてイグジットするという人はいません。

「すでにポジションを持っているときにバンドウォークが発生した場合は、ある程度含み益があるはずなので、多少反転したところで損失にはなりにくいです。そのため、バンドウォークだからという理由でイグジットすることはありません。ただ、反転したらすぐにイグジットするようには心がけています」というのが高田さんの意見です。

手法の内容的にバンドウォーク後に反転したとしても、大きな影響がないのであればバンドウォークを理由にイグジットする必要はないというのが本書で紹介するトレーダーの共通意見です。

バンドウォークのリスクを知っておこう

バンドウォークは強力なトレンドが発生している合図なので、チャンスと考える人も多いですが、リスクも高いということを念頭に入れておきましょう。バンドウォーク時にどのようなトレードをするかは人それぞれですが、どれくらいのリスクがあるのかを知っていないと思わぬ損失を出してしまうことがあります。（向井さん）

バンドウォーク時は強力なトレンドが発生

ローソク足がσラインに張り付いている状態

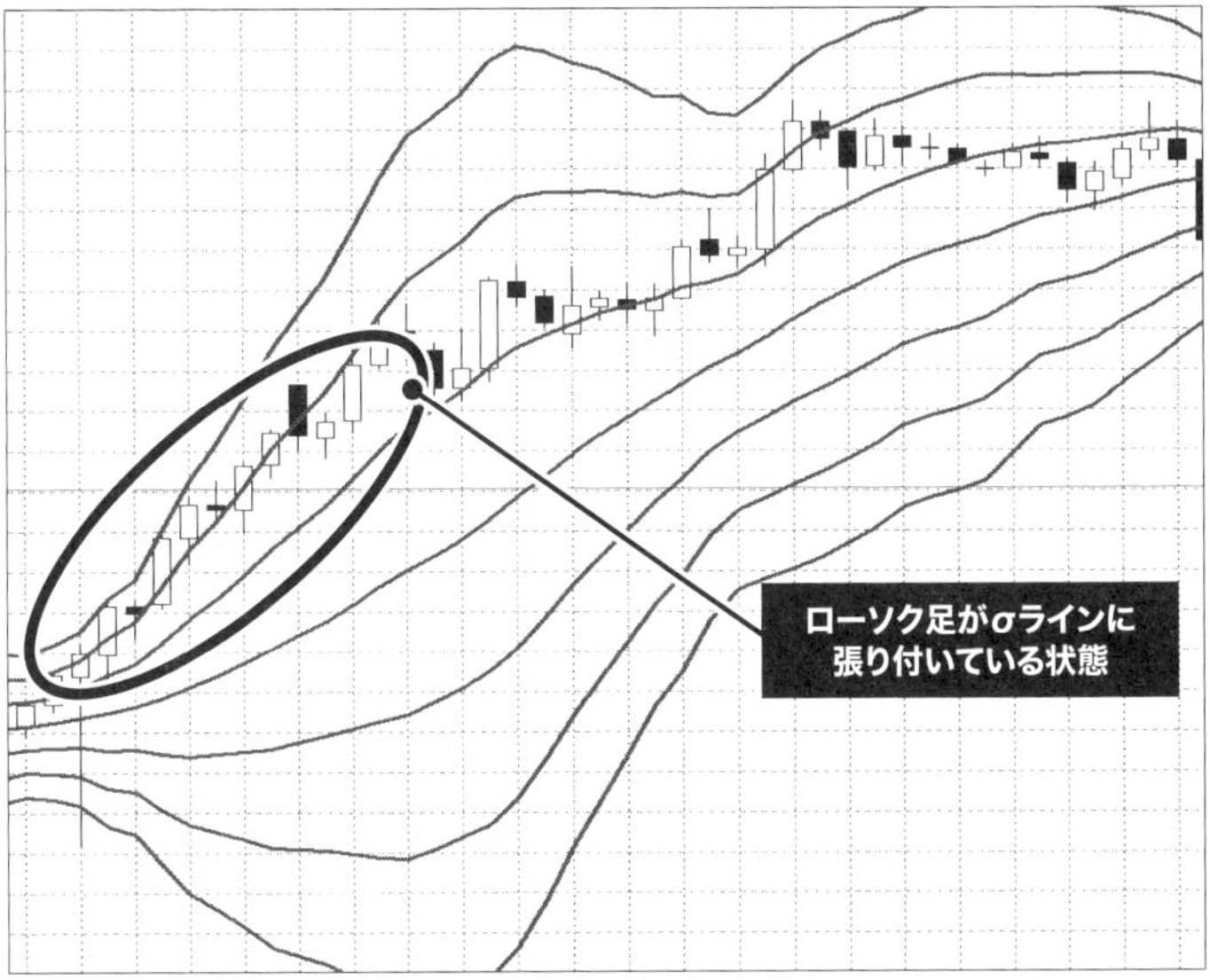
ローソク足がσラインに
張り付いている状態

バンドウォーク発生中は大きな利益が狙える一方で、大きな損失の可能性もあるので、リスクとリターンを考えてトレードする。

余裕があるときは狙うのもあり

基本的に好きな通貨ペア、好きな時間帯にトレードしてＯＫ

05

時間帯と通貨ペアに縛りはない

▼どんな時間帯や通貨ペアでもＯＫ

ボリバンはどの時間帯、どの通貨ペアでも問題なく機能します。

ただし、値動きは時間帯によって異なるので、短期トレードを行う場合には、自分にとってトレードしやすい時間帯を見つけることが大事です。

また、通貨ペアについてはどの通貨ペアでも構いませんが、基本的には米ドル／日本円やユーロ／日本円などのメジャーな通貨ペアに絞ったほうが良いでしょう。マイナーな通貨ペアはメジャーな通貨ペアに比べ、テクニカル指標が通用しない思わぬ動きをすることが多いので、わざわざ選ぶ必要はありません。

「マイナーな通貨ペアはその国の情報が日本に入りにくいですし、ボラティリティの問題で、急騰や急落が起きやすくなります。平常時はボリバンが機能していても、急騰や急落時はそれらのテクニカルが機能しなくなるので、リスクが高いと言えます。もちろん、メジャー通貨も急騰や急落はしますが、ほとんどの場合においてその理由がわかります。マイナーな通貨ペアは急騰や急落してもすぐには理由がわかりにくい点も避けたほうが良い理由です」と真田さんは言います。

ボリバンに限らず、テクニカル指標を使ったトレードをするならメジャー通貨がオススメというのが本書で紹介するトレーダーの共通意見です。

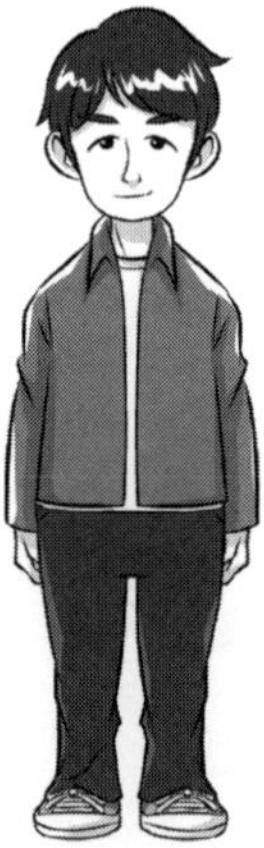

第3章

稼ぐトレーダーのボリバン手法

実際にボリバンを使って稼いでいる人はどのような手法を使っているのか気になるだろう。ボリバンを使って稼ぐ現役トレーダー6人のトレード手法を解説しよう。

ボリバンと長期移動平均線を使った長期トレード

01

工藤浩二さんの手法

私のトレードのポイント

ボリバンと移動平均線を組み合わせた長期トレードです。基本、朝にチャートをチェックして、強いトレンドが出ているときに絞ってトレードをします。

工藤浩二さん

移動平均線とボリバンを使う

工藤浩二さんの投資手法は、移動平均線でトレンドを確認し、そのトレンドに合わせてトレードをします。売買タイミングはボリバンとローソク足の位置関係で計ります。

ポジションの保有期間は状況によって異なり、数日以内で終わることもあれば、数カ月にわたって保有し続けることもあります。

使用するテクニカル指標の設定は次のようになります。

移動平均線
参照期間「200」

ボリバン
参照期間「21」
σライン「±1σ」「±2σ」「±3σ」

ローソク足

「4時間足」「日足」

基本的に、日足や4時間足の長期トレンドをつかんでトレードを行います。4時間足でトレードする場合も、日足でトレードする場合もトレード手法自体は変わりません。

また、通貨ペアは米ドル/日本円がメインですが、売買サインが出ていればユーロ/日本円や英ポンド/日本円などでもトレードをします。

工藤浩二さん

工藤さんのチャート画面

ボリバンと移動平均線を表示する

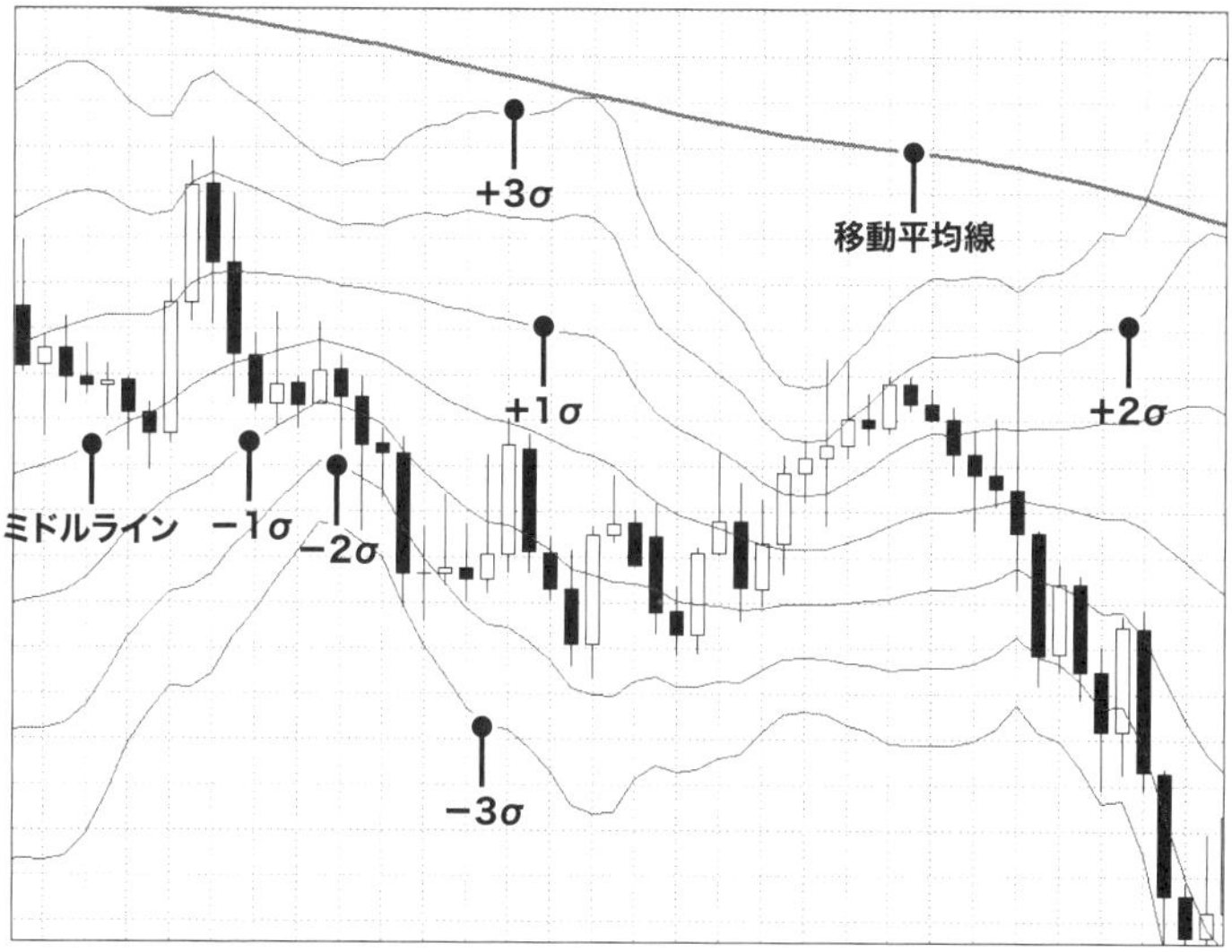

4 時間足と日足にボリバンと移動平均線を表示する。

±1σか±2σを突き抜けたらエントリー

02

トレンドが発生しているときに絞ってエントリー

私のエントリーのポイント

強いトレンドが出ているときに、ローソク足がボリンジャーバンドのσラインを突き抜けたらエントリーをします。また、エクスパンションが発生しているときは信頼性が高いサインと判断します。

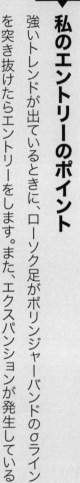

移動平均線とミドルラインでトレンドを確認する

エントリー前にトレンドの方向をミドルラインと移動平均線で以下のようにして確認します。

①ミドルラインが移動平均線の上にあり上昇していれば「強い上昇トレンド」
②ミドルラインが移動平均線の下にあり上昇していれば「一時的な上昇トレンド」
③ミドルラインが移動平均線の下にあり下降していれば「強い下降トレンド」
④ミドルラインが移動平均線の上にあり下降していれば「一時的な下降トレンド」

基本的にトレードをするのは強いトレンドが出ている①と③のときのみです。②や④のときは、失敗しやすいのでトレードはしません。また、ミドルラインと移動平均線がからみあっているときはトレンドがはっきりしていないと判断してエントリーしません。

ボリバンとローソク足でエントリーする

具体的なエントリータイミングは、強い上昇トレンドのときは、ローソク足がプラス1σやプラス2σを上に突き抜けたら買いエントリー。強い下降トレンドのときは、ローソク足がマイナス1σやマイナス2σを下に突き抜けたら売りエントリーします。ローソク足の実体がσラインを突き抜けていれば、確定前でもエントリーします。

エントリーするときは、状況によってエントリー枚数を変えます。基本的にプラスマイナス2σを突き抜けたときは、プラスマイナス1σを突き抜けたときよりもトレンドが強いので多めの枚数でエントリーします。

売りサイン ミドルラインが移動平均線より下にあり下降しているときに、ローソク足がマイナス1σやマイナス2σを下に突き抜けたとき

買いサイン ミドルラインが移動平均線より上にあり上昇しているときに、ローソク足がプラス1σやプラス2σを上に突き抜けたとき

エントリータイミング

買いエントリーの場合

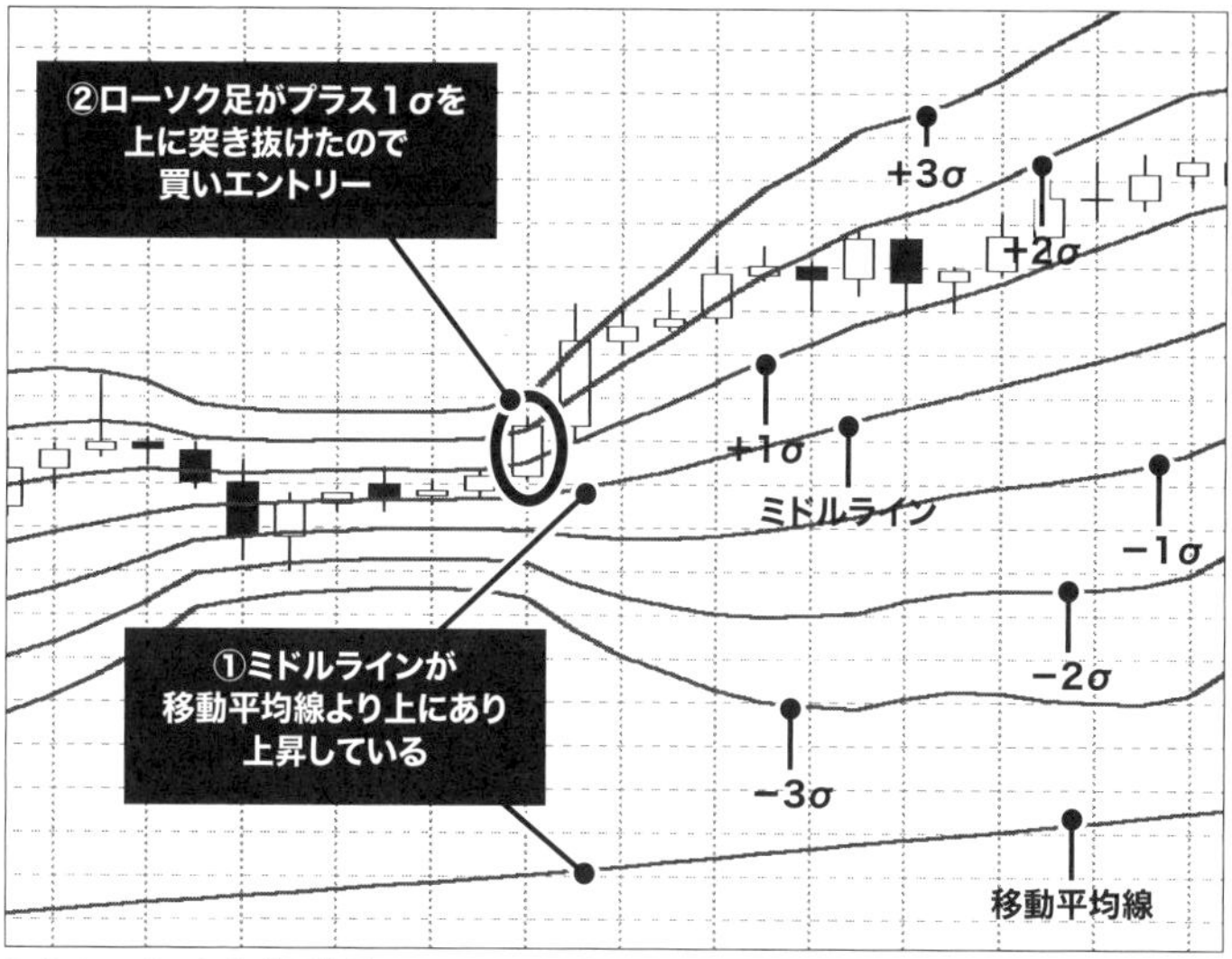
②ローソク足がプラス1σを
上に突き抜けたので
買いエントリー
+3σ
+2σ
+1σ
ミドルライン
−1σ
−2σ
−3σ
①ミドルラインが
移動平均線より上にあり
上昇している
移動平均線

ミドルラインと移動平均線でトレンドを確認し、ローソク足がσラインを突き抜けたタイミングでエントリーする。

トレンドが出ているときに
売買サインがでたら
エントリー

ローソク足がσラインにタッチしたらイグジット

03
エクスパンションが発生したら様子見で利益を伸ばす

私の利食いのポイント

基本的にローソク足が±3σにタッチしたら利食いします。ただし、エクスパンションが発生している場合は利益が伸びるのを期待して様子見です。また、ミドルラインまで戻った場合も利食いをします。

工藤浩二さん

ローソク足が±3σにタッチしたら利食い

利食いのタイミングはふたつあります。

ひとつめの利食いの基準は、買い（売り）の場合はローソク足がプラス3σ（マイナス3σ）にタッチしたときです。±3σはそれぞれ強力な抵抗線や支持線として機能します。そのため、ローソク足がそれぞれのラインにタッチしたときは、大きく反発する可能性があります。いったん利食いをして次のチャンスを待ったほうがリスクを抑えることができます。

ただし、σラインが開くエクスパンションが発生しているときは、そのままトレンドが続く可能性が高いので、すぐに利食いはせず、様子見をします。

エクスパンションが発生している場合は、スクイーズが発生するか、ローソク足がそれまで張り付いていたσラインから離れたら利食いします。

ミドルラインにタッチで利食い

もうひとつの利食いのタイミングは、買い（売り）エントリー後に、上昇（下降）

利食いのタイミング①

エクスパンションが発生しているときの利食い

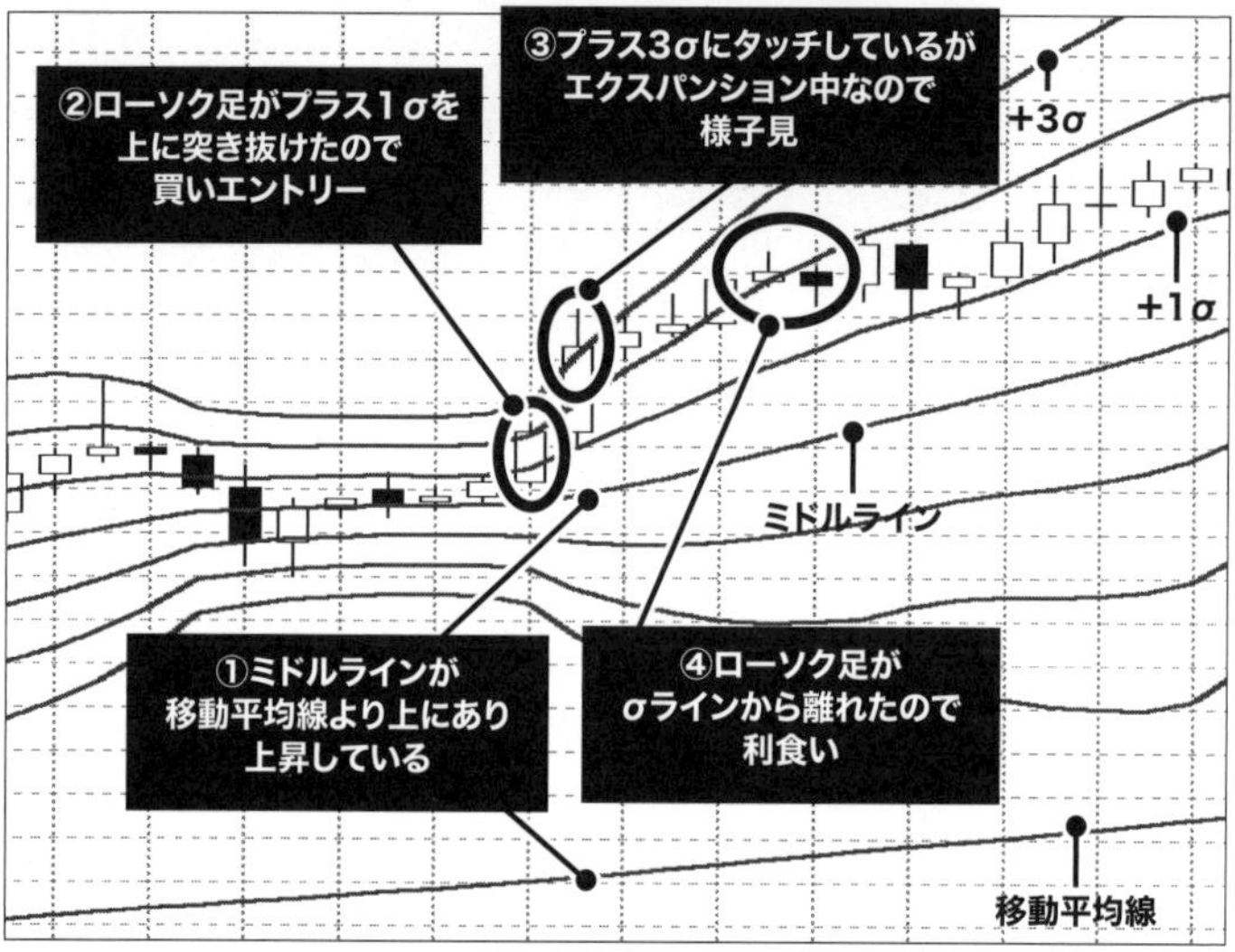

③プラス3σにタッチしているが
エクスパンション中なので
様子見
②ローソク足がプラス1σを
上に突き抜けたので
買いエントリー
+3σ
+1σ
ミドルライン
①ミドルラインが
移動平均線より上にあり
上昇している
④ローソク足が
σラインから離れたので
利食い
移動平均線

プラス3σにタッチしても、エクスパンション中なので様子見し、ローソク足がσラインから離れたタイミングで利食いする。

したものの、プラス3σ（マイナス3σ）にタッチするまえに下落(上昇)し、ミドルラインにタッチした場合です。

ミドルラインまで戻った場合は、トレンドが反転する可能性があるため、含み益がある状態ならいったん利食いをして様子見をします。

この場合、再びエントリーサインが出る可能性もあるので、チャートの

利食いのタイミング②

ミドルラインタッチで利食い

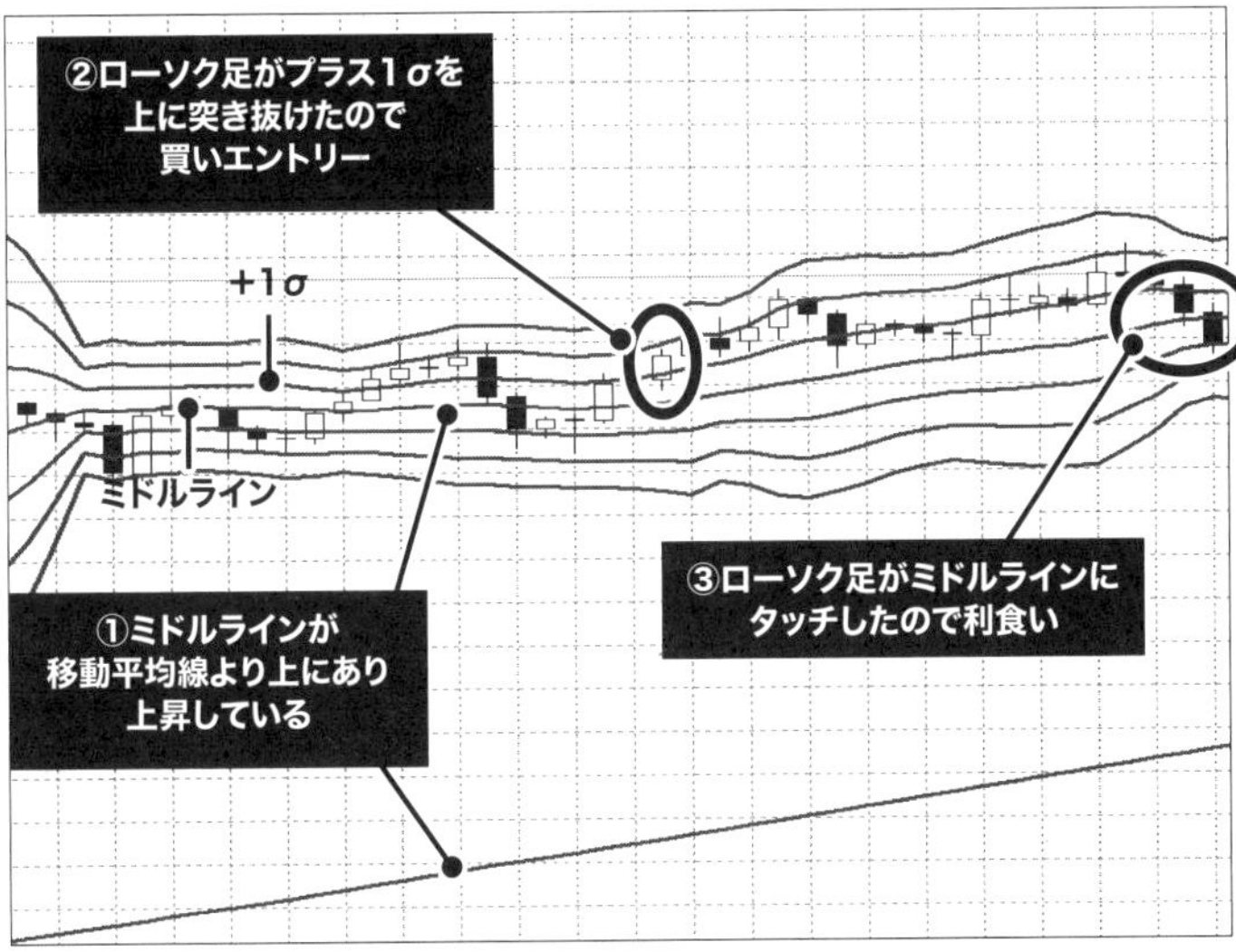
②ローソク足がプラス1σを
上に突き抜けたので
買いエントリー
+1σ
ミドルライン
①ミドルラインが
移動平均線より上にあり
上昇している
③ローソク足がミドルラインに
タッチしたので利食い

ローソク足がプラス３σにタッチする前にミドルラインまで戻ったので利食いをする。

チェックを続けるようにしましょう。

含み益がない場合は、±３σにタッチするか、76ページで紹介する損切り基準に達したらイグジットします。

相場に影響を与える事件が起きたときはイグジット

04

トレンド反転する可能性が出たらイグジット

私の損切りのポイント

±1σにタッチしたらトレンドが反転している可能性を考慮して損切りをします。また、なにか事件が起きてファンダメンタルズ優先の相場になったときも損切りをします。

ローソク足が±1σタッチで損切り

損切りのタイミングはふたつあります。

ひとつめの損切りの基準は、買い（売り）エントリーした場合はローソク足がマイナス1σ（プラス1σ）にタッチしたときです。

含み益が出る前にローソク足が反転し、マイナス1σ(プラス1σ)まで下落(上昇）した場合は、トレンドが反転している可能性があります。いったん仕切り直しのために損切りして、ローソク足が再びプラス1σ（マイナス1σ）を突き抜けるのを待ちます。

また、±1σにタッチするまで待たずに、ミドルラインと±1σの中間あたりまでローソク足が推移した段階で損切りをする場合もあります。

この損切りのメリットは損失をある程度抑えられることです。一方、±1σにタッチする前に再び反転をして、得られるはずの利益を逃す可能性があるというデメリットもあります。

自分の投資スタイルや投資資金と相談をして、ローリスクローリターンなら

±1σとミドルラインの間で損切りを行い、ハイリスクハイリターンなら±1σタッチで損切りをするようにしましょう。

ただし、自分の判断でその時々で損切り基準を変えるのは、結果的に損失だけが大きくなる可能性が高いので、どちらか片方の損切り基準にすると決めたら、最低でも1年は基準を変えないようにしましょう。

▼ファンダメンタルズの影響が強いときは損切り

もうひとつの損切りの基準はファンダメンタルズの影響が強い相場になったときです。要人発言や自然災害、テロなどが起こったときは、テクニカルを無視し、ファンダメンタルズ優先の動きになりやすいので、どんな状況でもいったんイグジットをします。

相場が落ち着くまでは、トレードを行わずに、相場状況の分析だけを行うようにしましょう。

損切りのタイミング

ローソク足がプラス１σタッチで損切り（売りの場合）

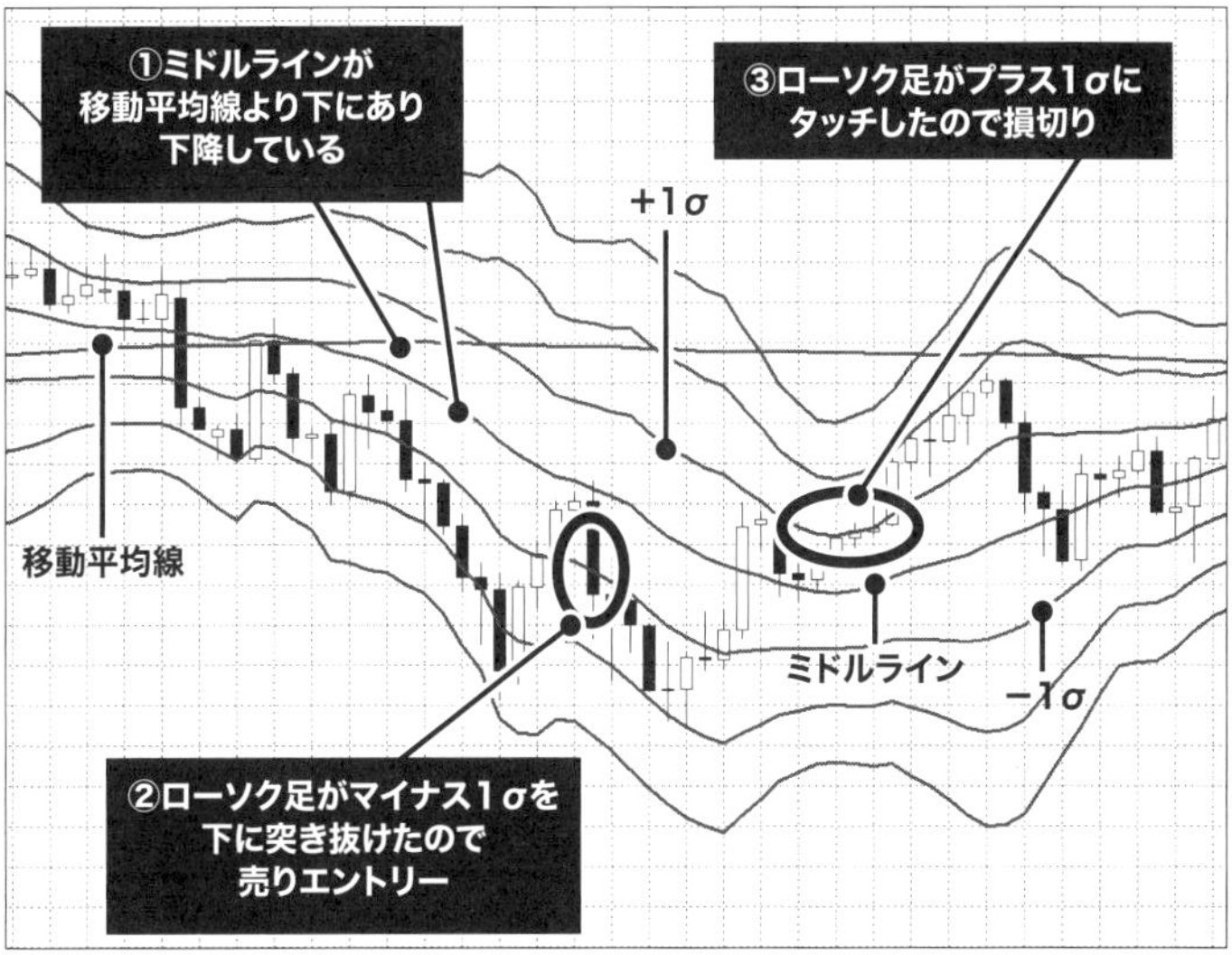
①ミドルラインが
移動平均線より下にあり
下降している
③ローソク足がプラス1σに
タッチしたので損切り
+1σ
移動平均線
ミドルライン
−1σ
②ローソク足がマイナス１σを
下に突き抜けたので
売りエントリー

ローソク足が含み益がない状態でミドルラインを上に突き抜け、プラス１σにタッチしたので損切りをする。

ミドルラインと
±1σの間で損切りを
してもOK

長いローソク足は相場異変の合図

05

相場に異変が発生したらイグジット

私のイグジットのポイント

相場に異変が起こったときは、イグジットをします。ローソク足が複数のσラインを一気に突き抜けるなどのような異変が起こったときは、その後にどう動くかわからないので、リスクヘッジのためにイグジットします。

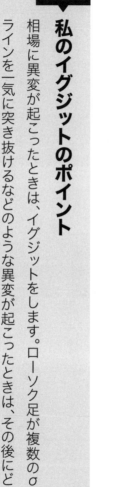

相場に異変が起こったらイグジット

さまざまな要因で相場に大きな動きが発生した場合は、これまで説明したイグジット基準を無視してイグジットをすることもあります。

たとえば、エントリー後に長いローソク足が発生した場合は、反転する可能性が高いのでイグジットをします。

83ページのチャートを見てください。ローソク足がプラス1σ、ミドルライン、マイナス1σ、マイナス2σを一気に下に突き抜け、マイナス3σにタッチしています。これまで説明したトレード手法を実践するとマイナス1σを下に突き抜けた時点で売りエントリーをします。

その後、マイナス3σにタッチしていますが、σラインが広がり始めているので、これまで説明した手法では、様子見の判断をする場面です。

しかし、複数のσラインとミドルラインを一気に突き抜けるという大きな動きが発生しているので、相場に異変が発生していると判断してイグジットします。

マイナス3σまで下落している時点である程度利益が確保できているので、ここでイグジットしても問題ありません。

実際、長いローソク足が発生した後に、大きく反転しているので、もしポジションを保有し続けていたら、利益を大きく減らしています。

もちろん、場合によってはポジションを保有し続けたほうが利益が大きくなることもありますが、リスクを抑えるためには、イグジットをしたほうがいいでしょう。

工藤浩二さん

長いローソク足が出現したらイグジット

売りエントリーの場合

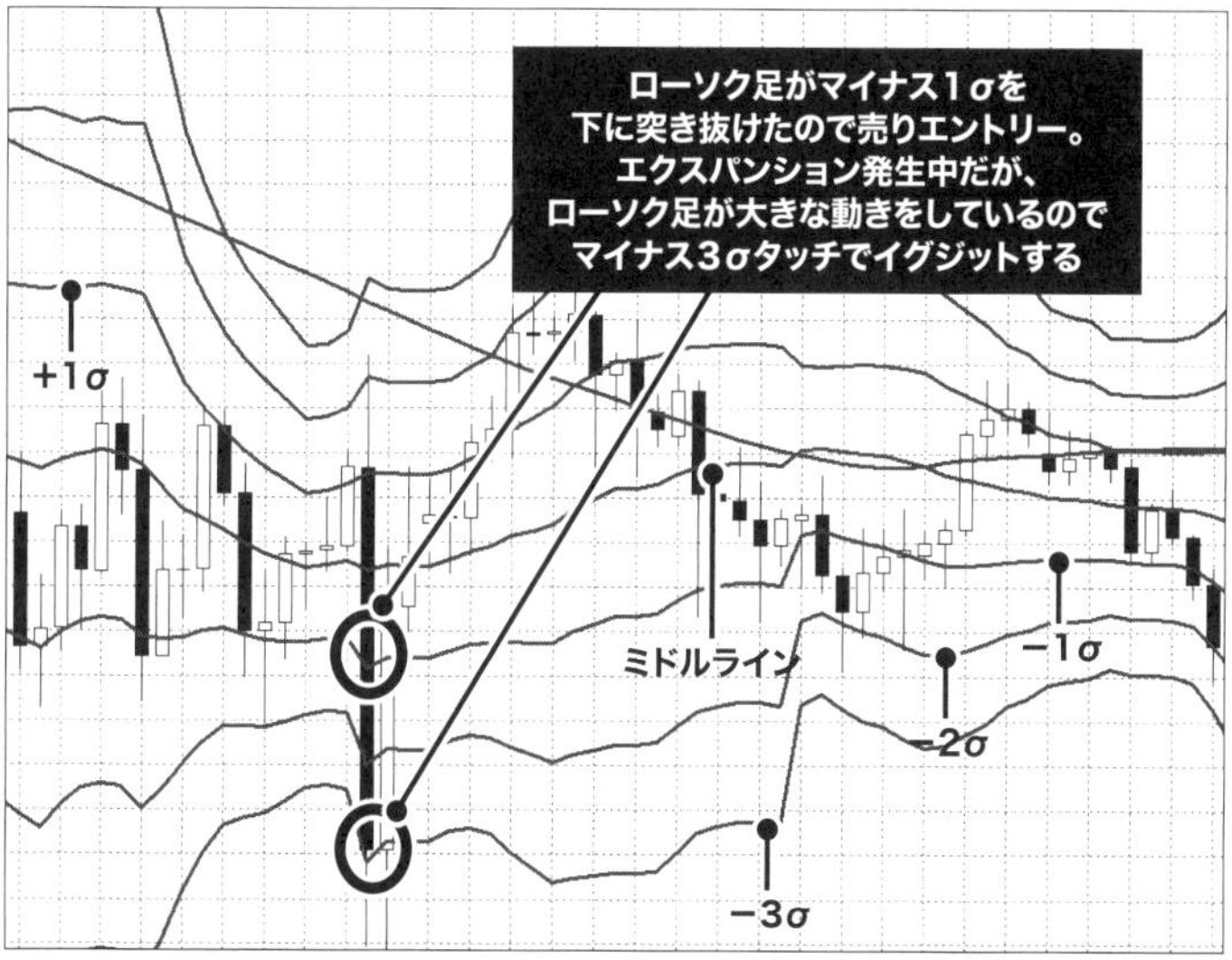
ローソク足がマイナス1σを
下に突き抜けたので売りエントリー。
エクスパンション発生中だが、
ローソク足が大きな動きをしているので
マイナス3σタッチでイグジットする
+1σ
ミドルライン
−1σ
−2σ
−3σ

これまでのローソク足の動きと比較して、複数のσラインとミドルラインを突き抜けて大きく動いているのでマイナス3σタッチのタイミングでイグジット。

ローソク足がおかしな動きをしたらいったんイグジットします

ボリバンとＭＡＣＤを使った長期トレード

01

高田一さんの手法

私のトレードのポイント

ボリバンとＭＡＣＤを組み合わせたトレード手法です。ボリバンがエクスパンション時にＭＡＣＤでサインが出ればトレードします。相場の状況にもよりますが数日〜数週間程度ポジションを保有する傾向があります。

▼MACDとボリバンを使う

高田一さんのトレード手法は、ボリバンとMACDを使った順張りトレードです。ボリバンでトレンドの強さをはかり、MACDで売買タイミングを見極めます。

使用するテクニカル指標の設定は次のようになります。

ボリバン
参照期間「21」
σライン「±1σ」「±2σ」「±3σ」

MACD
短期EMA「12」長期EMA「26」シグナル「9」

ローソク足
「4時間足」「日足」

使用している通貨ペアは米ドル／日本円がメインですが、米ドル／日本円で売買サインが出ていない場合は、ユーロ／日本円や英ポンド／日本円、ユーロ／米ドルなどのチャートを見てサインが出ていればトレードします。

また、ＭＡＣＤは左ページのチャートのようにＭＡＣＤラインがヒストグラムで表示されるものを利用しています。使い方自体はラインで表示した場合と変わらないので、好みで決めて構いません。

高田一さん

高田さんのチャート画面

ボリバンとMACDを表示する

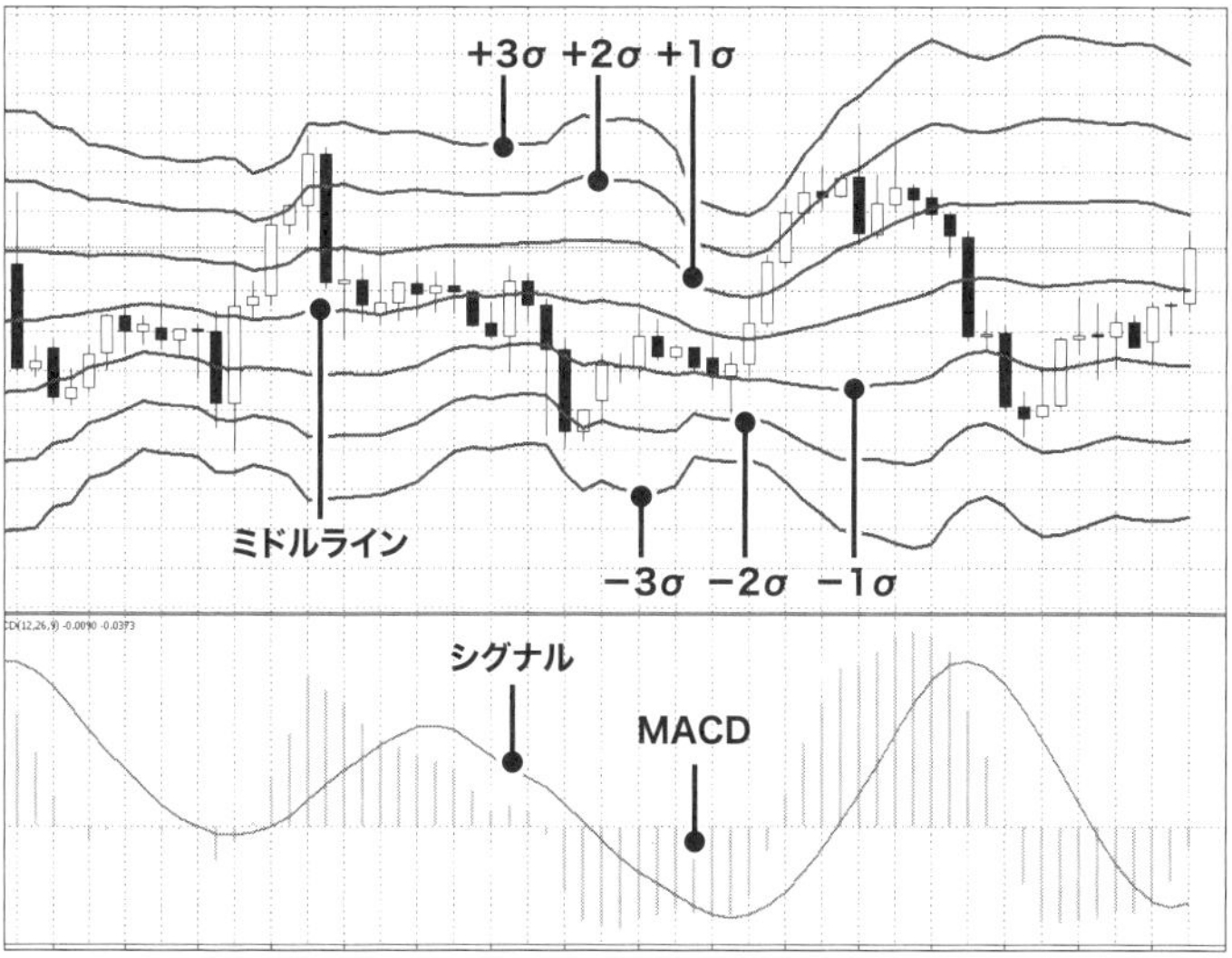

4 時間足と日足にボリバンと MACD を表示する。

02

ミドルラインでトレンドを確認後エントリーを狙う

MACDとシグナルのクロスがエントリータイミング

私のエントリーのポイント

ミドルラインでトレンドを確認後、MACDとシグナルのクロスを狙ってエントリーをします。エクスパンションが発生中に売買サインが出た場合は、信頼度が高いので、積極的にトレードをします。

高田一さん

ミドルラインでトレンドを確認する

エントリー前に、トレンドの強さと方向をボリバンで確認します。

ミドルラインが上向きなら上昇トレンド、下向きなら下降トレンドです。さらにボリバンでエクスパンションが発生していれば、トレンドが強い状態と判断します。ミドルラインの方向が定まっていない場合は、トレンドの方向がわからないためトレードしません。

トレンドが強いほど、売買サインの信頼度が高くなるので、勝率を高くしたいのであれば、エクスパンションが発生しているときのみトレードをするのが有効です。勝率が多少落ちてもトレード回数を増やしたいのであれば、エクスパンションが発生していないときもトレードを狙います。

どちらが良いのかは一概には言えませんが、高田さんは投資資金が少なかったころはエクスパンションが発生しているときのみを狙ってトレードを行い、投資資金に余裕が出てきたころからはエクスパンションが発生していないときもトレードを行うようになりました。

▼MACDとシグナルでエントリーする

エントリーのタイミングは2つあります。ひとつめは、MACDとシグナルがクロスしたときです。上昇トレンドのときはMACDがシグナルを上に抜けたときに買いエントリー、下降トレンドのときはMACDがシグナルを下に抜けたら売りエントリーします。

ふたつめのエントリータイミングは、エクスパンションが発生しているときにすでにMACDとシグナルがクロスしている状況で行います。この状態のときに、ローソク足の押し目や戻りを狙ってエントリーします。

売りサイン ミドルラインが下向きのときに、MACDがシグナルを下に抜けたタイミング

買いサイン ミドルラインが上向きのときに、MACDがシグナルを上に抜けたタイミング

MACDとシグナルのクロスでエントリー

買いエントリーの場合

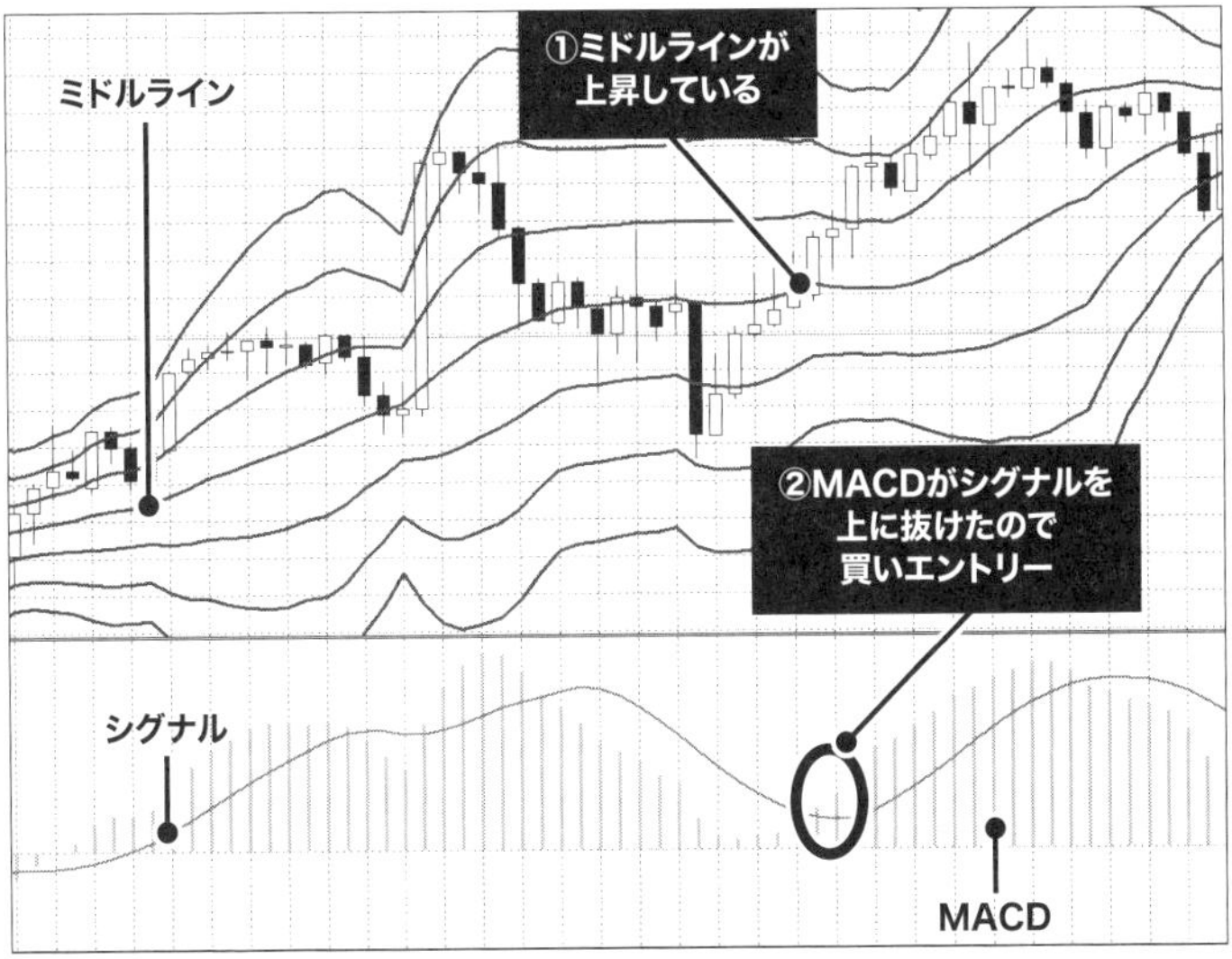
①ミドルラインが
上昇している
ミドルライン
②MACDがシグナルを
上に抜けたので
買いエントリー
シグナル
MACD

ミドルラインが上昇中にMACDがシグナルを上に抜けたタイミングで買いエントリーする。

ミドルラインでトレンドが確認できているときがチャンスになる

具体的には、エクスパンション中にMACDとシグナル、ミドルラインが上昇（下降）を続けているときに、ローソク足が下落（上昇）したあとに再び上昇（下降）したら買い（売り）エントリーします。

ただし、下落（上昇）しすぎたときはエントリーしません。ローソク足1〜2本分下落（上昇）したときはエントリーしますが、それ以上に下落（上昇）したときはエントリーを見送ります。

売りサイン

エクスパンションが発生し、MACDがシグナルを下に抜けている状態で、ミドルラインとMACD、シグナルが下向きかつローソク足が上昇後、下落したタイミング

買いサイン

エクスパンションが発生し、MACDがシグナルを上に抜けている状態で、ミドルラインとMACD、シグナルが上向きかつローソク足が下落後、上昇したタイミング

高田一さん

エクスパンション発生中のエントリー

買いエントリーの場合

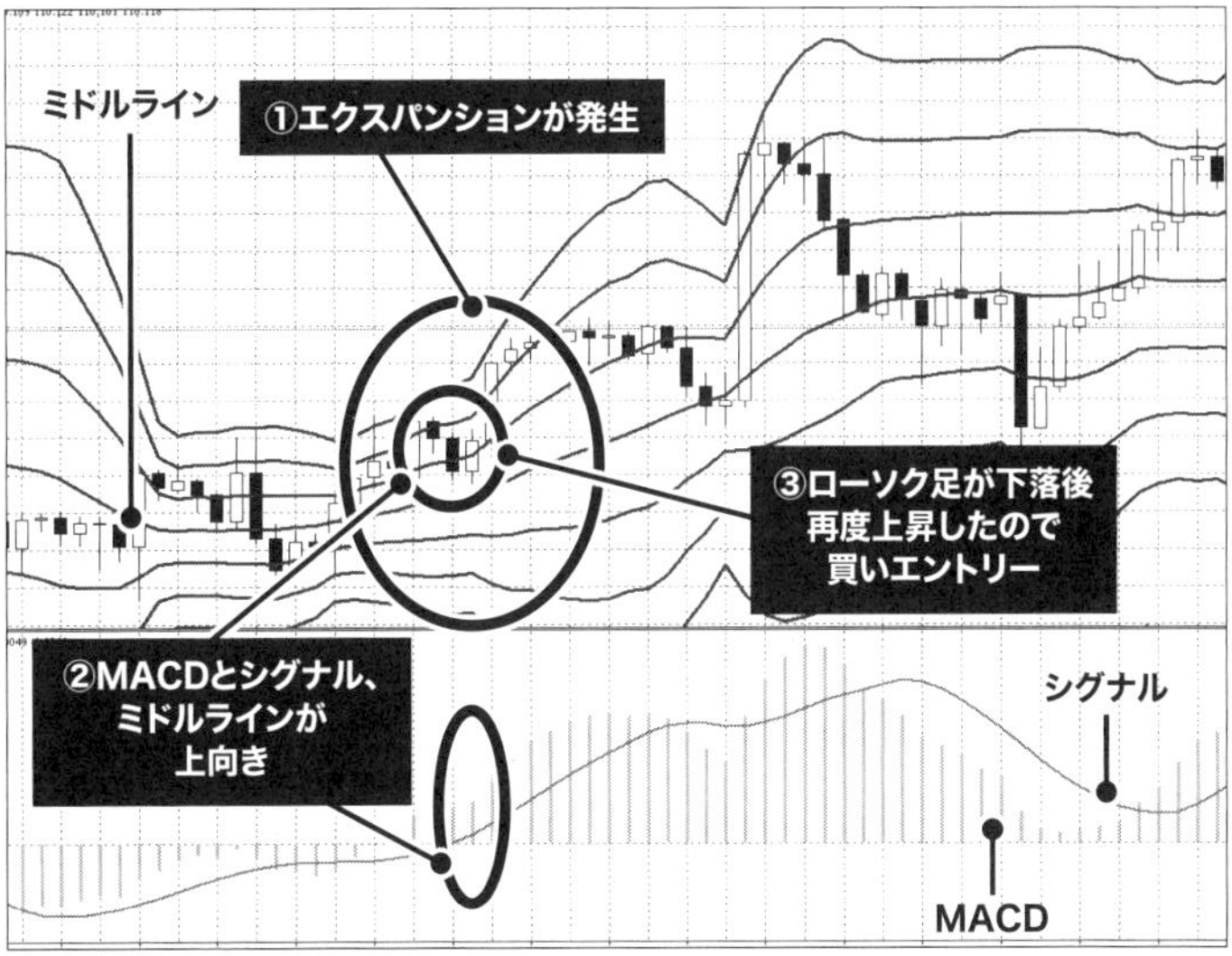
ミドルライン
①エクスパンションが発生
③ローソク足が下落後
再度上昇したので
買いエントリー
②MACDとシグナル、
ミドルラインが
上向き
シグナル
MACD

シグナルとMACD, ミドルラインが上昇中にローソク足が押し目を作ったので買いエントリー。

エクスパンション発生中は
MACDとシグナルの
クロスのエントリーも有効

03

バンドウォーク発生中は様子見で利益を伸ばす

私のイグジットのポイント

エントリーと同様にＭＡＣＤとシグナルのクロスでイグジットします。また、バンドウォークが発生した場合は、バンドウォークが終了するまでイグジットを待ちます。

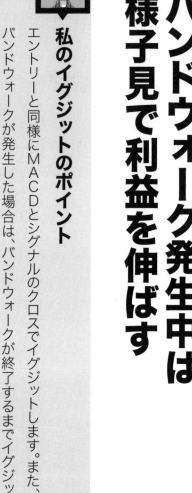

MACDとシグナルのクロスでイグジット

イグジットのタイミングはふたつあります。

ひとつめのイグジットのタイミングはエントリーのときと同様にMACDとシグナルがクロスしたときです。

買いエントリーの場合は、MACDがシグナルを下に抜けたらイグジット。売りエントリーの場合は、MACDがシグナルを上に突き抜けたらイグジットします。

エントリー直後にこのサインが出る場合もありますが、そのときはエントリーに失敗したと判断してイグジットします。

バンドウォーク終了でイグジット

もうひとつの利食いのタイミングは、買い（売り）エントリー後に、ローソク足がプラスσ（マイナスσ）にタッチしたあとに、プラスσ（マイナスσ）から離れたタイミングです。

イグジットのタイミング①

エクスパンションが発生しているときの利食い

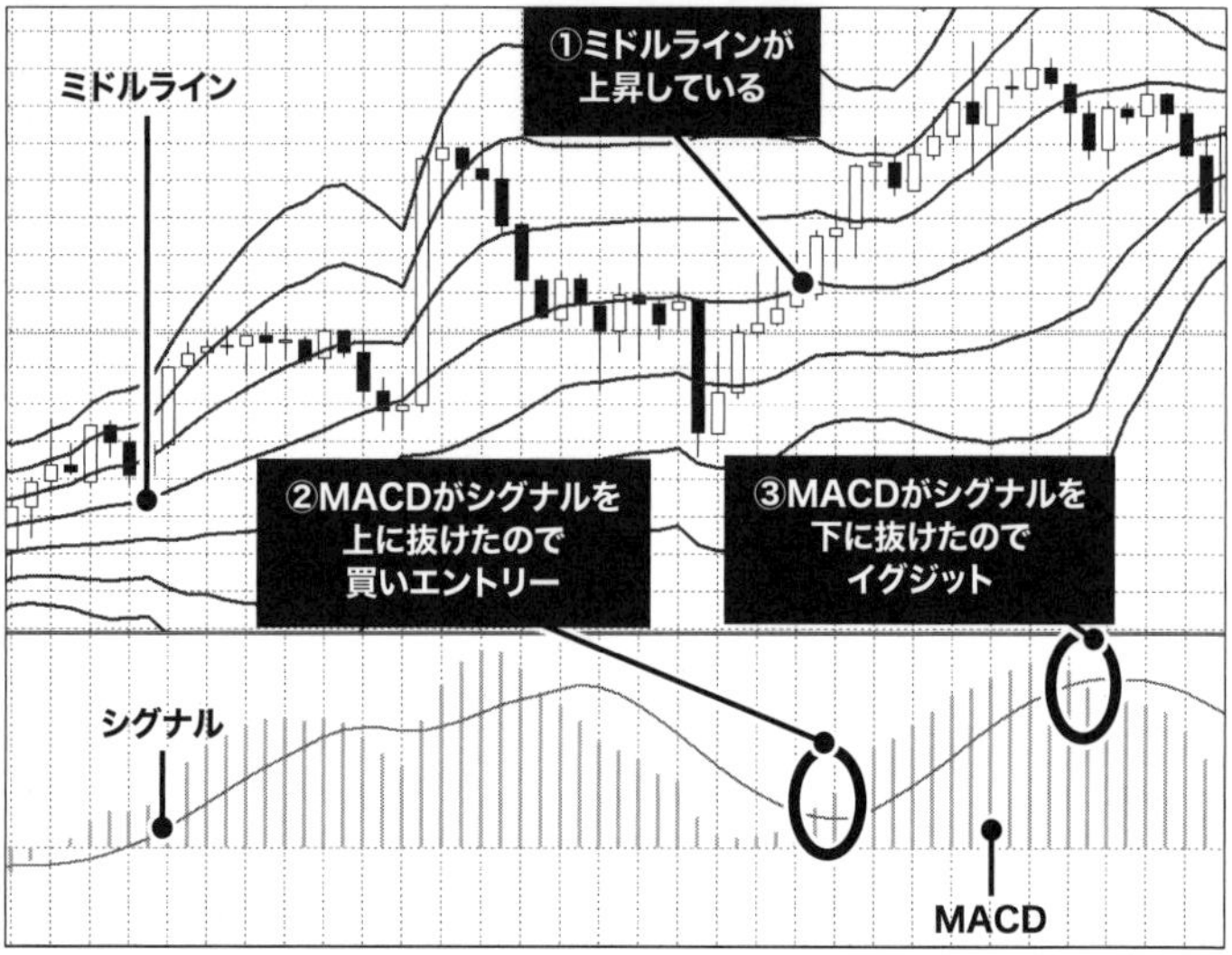

①ミドルラインが
上昇している
ミドルライン
②MACDがシグナルを
上に抜けたので
買いエントリー
③MACDがシグナルを
下に抜けたので
イグジット
シグナル
MACD

買いエントリー後、MACDとシグナルがクロスしたのでイグジットする。

つまり、バンドウォーク中はポジションを保有し続け、バンドウォーク終了のタイミングでイグジットすることになります。

イグジットのタイミング②

σラインからローソク足が離れたから利食い

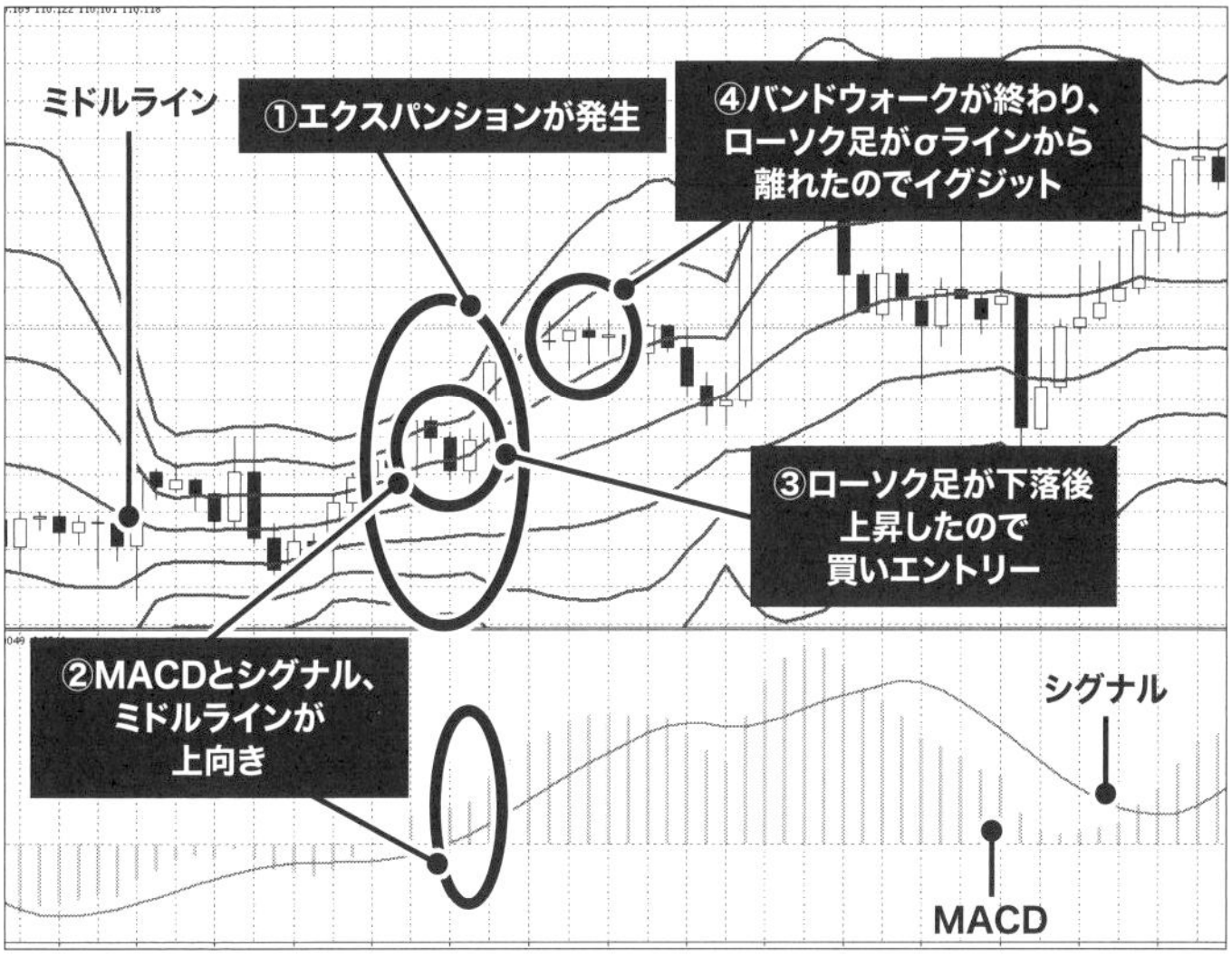
ミドルライン
①エクスパンションが発生
④バンドウォークが終わり、ローソク足がσラインから離れたのでイグジット
③ローソク足が下落後上昇したので買いエントリー
②MACDとシグナル、ミドルラインが上向き
シグナル
MACD

買いエントリー後、ローソク足がプラス２σラインにタッチ後、プラス２σラインから離れたので、イグジットする。

バンドウォークが
終了したタイミングで
イグジットします

04

ローソク足が反転したらイグジット

私の損切りのポイント

エントリー直後にローソク足が反転したら基本的に損切りをします。エクスパンション中にエントリーしても、ローソク足が反転した場合は、一気に相場が動くことも少なくないので、早めに損切りをするようにしています。

高田一さん

エントリー直後に反転したらイグジット

エントリー直後にローソク足が反転したら、トレードに失敗したと判断してイグジットします。

とくにエクスパンション発生直後は、いったん下落したローソク足がすぐに急激に上昇したり、いったん上昇した直後に急激に下降する傾向があります。MACDとシグナルのクロスを待っていると損失が急激に膨らんでしまう可能性があります。リスクを抑えるために、ローソク足の反転を確認したらすぐにイグジットして、仕切り直します。

リスクが高い相場状況のときはトレードを避けるのもあり

前述したように、エクスパンション発生直後はややリスクが高い相場状況になります。そのため、エクスパンション発生直後のエントリーを避けるというのもひとつの手です。

ハイリスクハイリターンを狙うのであれば、エクスパンション発生直後のエントリーを行い、ローリスクローリターンを狙うのであれば、エクスパンション発生直後のトレードは避けると良いでしょう。

損切りのタイミング

エントリー直後にローソク足が反転

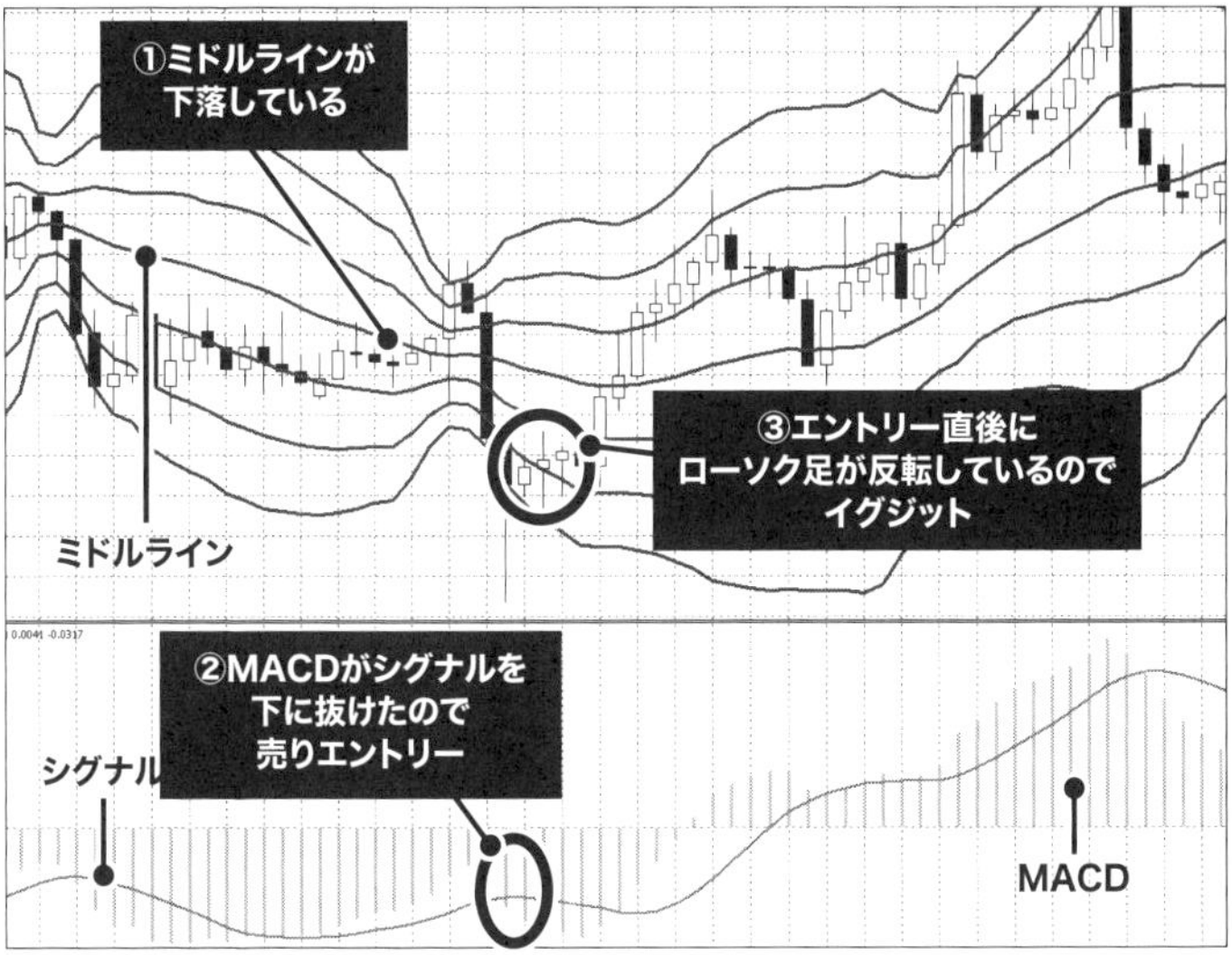
①ミドルラインが
下落している
ミドルライン
③エントリー直後に
ローソク足が反転しているので
イグジット
0.0041 -0.0317
②MACDがシグナルを
下に抜けたので
売りエントリー
シグナル
MACD

売りエントリー後、ローソク足が反転したので、イグジットする。

エクスパンション直後は
この動きをしやすいので
注意が必要です

05

長期チャートや移動平均線で長期トレンドを確認

私のトレードのポイント

勝てなくなったら、長期トレンドを確認します。長期トレンドに対して順張りになるようにトレードすることで、勝率が上がります。それでも勝てない場合は、いったんトレードから離れるようにします。

高田一さん

勝てないときは長期トレンドをチェック

トレードを続けていると勝ちにくくなることがあります。その原因はファンダメンタルズの影響や相場状況の変動などさまざまです。ファンダメンタルズに起因する場合は、テクニカル重視の手法ではどうにもできないので、トレードをお休みしたほうがいいですが、相場の性質が変わりトレードがうまく行かなくなった場合は、長期トレンドを確認してトレードの参考にします。

長期のトレンドを確認するためには、週足や月足などの期間の長いチャートにボリバンを表示してミドルラインを確認します。ミドルラインが上昇していれば、上昇トレンド、下降していれば、下降トレンドと判断します。また、4時間足や日足に参照期間200に設定した移動平均線を表示するのもいいでしょう。

トレードは基本的に順張りの方が勝ちやすいので、長期トレンドに合わせたトレードにすると勝ちやすくなる傾向があります。

「普段はあまり気にする必要はありませんが、勝てなくなったときは長期トレンドに合わせたトレードに切り替えると、うまくいきやすくなります。それでも、うまくいかないときは、今の相場に手法があっていないと判断して1カ月前後トレードをお休みするのもいいでしょう」

高田さんはトレードがうまくいかないときは、チャートから完全に離れて休暇期間と割り切って、旅行や趣味に時間を費やすようにしています。

高田一さん

勝てないときは長期トレンドを確認する

長期移動平均線でトレンドを確認

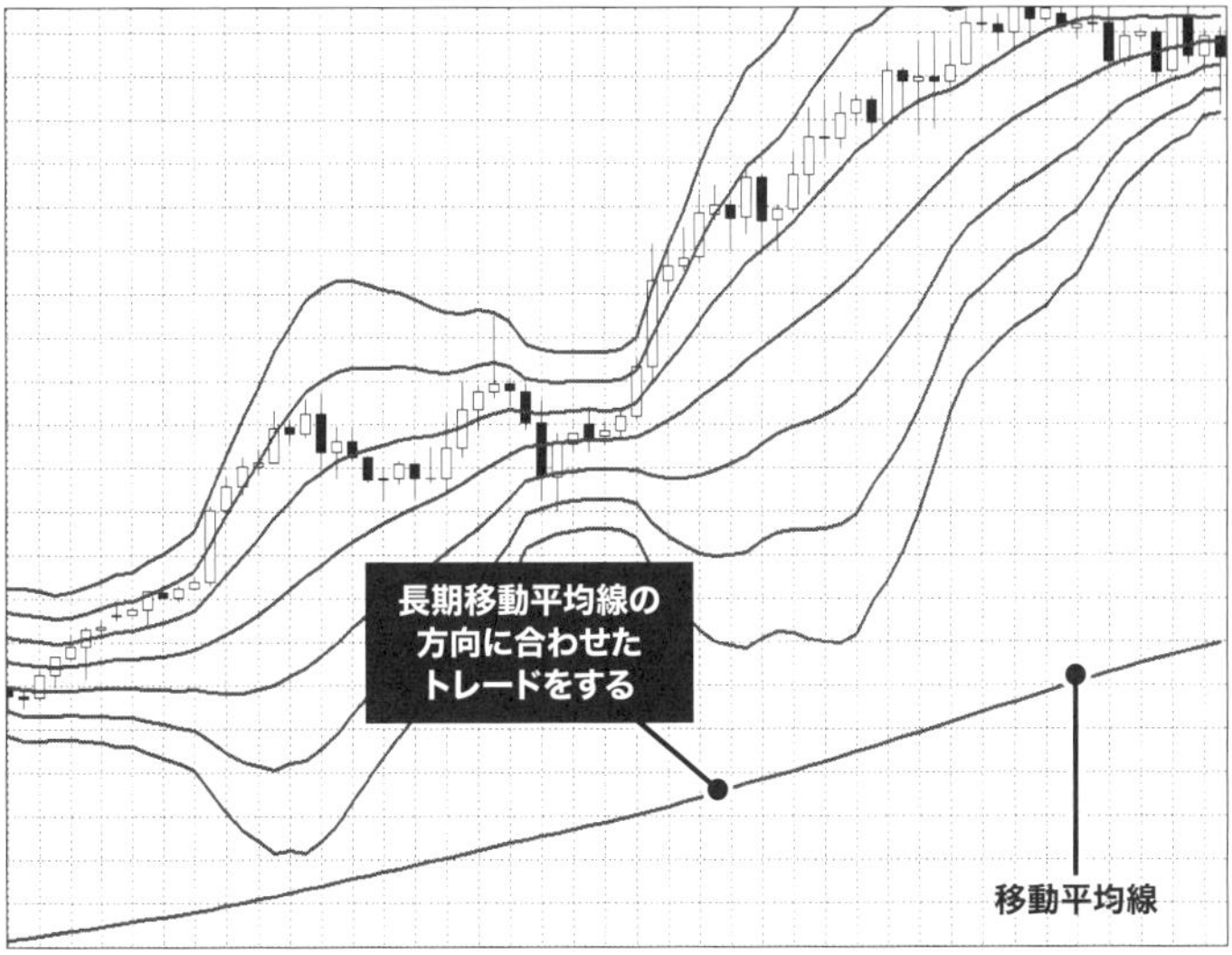
長期移動平均線の
方向に合わせた
トレードをする
移動平均線

長期トレンドが上昇トレンドのときは買いエントリー、下降トレンドのときは売りエントリーだけを狙ってトレードする。

相場状況によっては自分の手法が通用しなくなることもあります

01 真田恵美さんの手法

私のトレードのポイント

ボリバンだけを使ったトレード手法です。月足の動きや、ミドルラインでトレンドを確認し、ボリバンのσラインの動きを見ながらエントリーやイグジットをします。

▼使うテクニカル指標はボリバンのみ

高田さんのトレード手法は、ボリバンを使った順張りトレードです。月足の動きや、トレードするチャートに表示したミドルラインの動きからトレンドを判断し、σラインの動きで売買タイミングを見極めます。

使用するテクニカル指標の設定は次のようになります。

ボリバン
参照期間「21」
σライン「±1σ」「±2σ」「±3σ」
ローソク足
「4時間足」「日足」「月足」

使用している通貨ペアは米ドル／日本円やユーロ／日本円、英ポンド／日本円がメインです。ただし、これらの通貨ペアでうまく勝てないときは、ユーロ／米ドルなど他の通貨ペアでトレードすることもあります。

また、詳しくは110ページ以降で解説しますが、「月足」のチャートはトレンドを確認するためだけに使い、実際のトレードで利用するのは「日足」か「4時間足」です。

真田恵美さん

真田さんのチャート画面

ボリバンを表示する

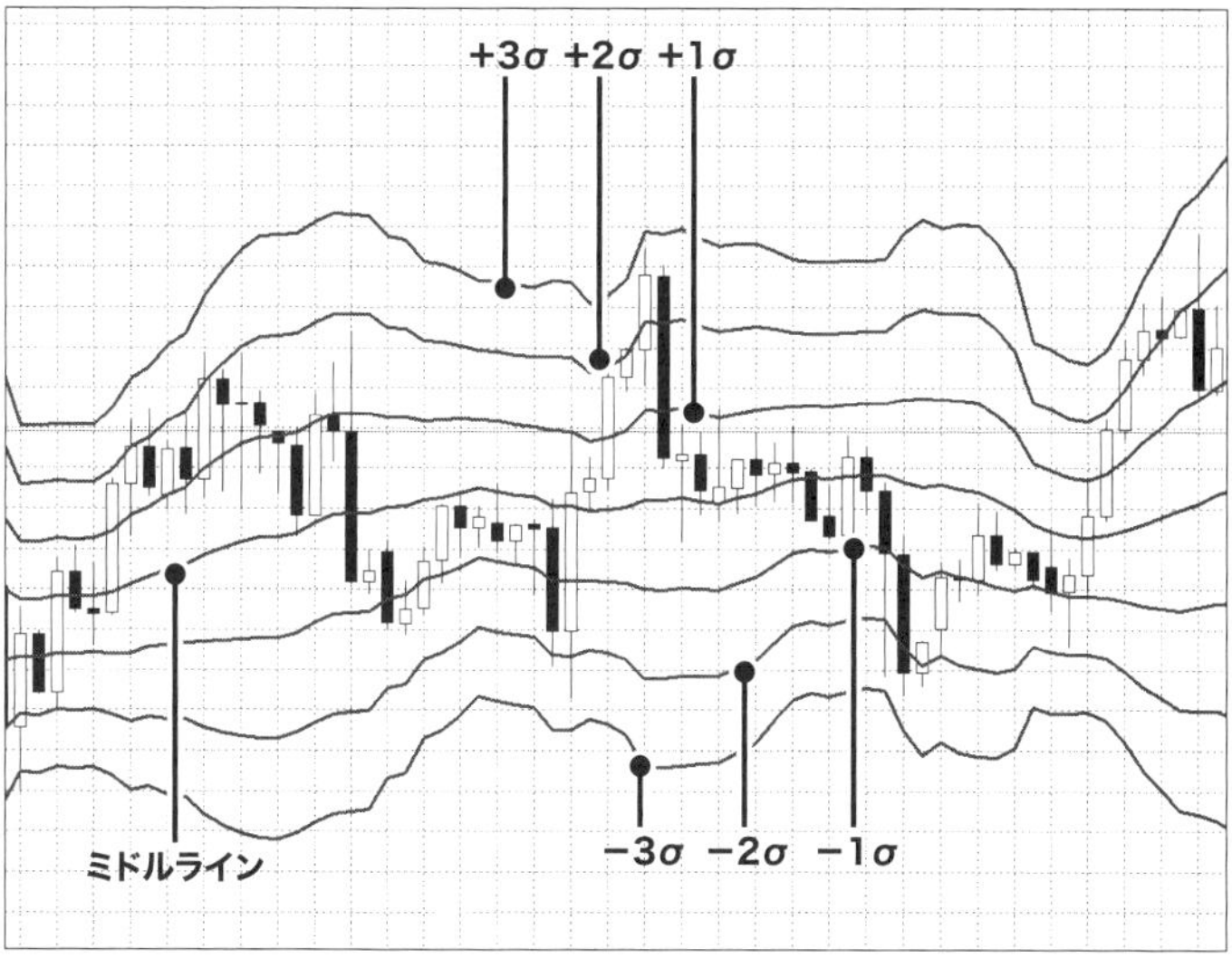

4 時間足と日足にボリバンを表示する。

02

月足とトレードするチャートのトレンドが一致しているかを確認

エクスパンションがエントリータイミング

私のエントリーのポイント

月足の最新のローソク足の方向とトレードするチャートのミドルラインの傾きをチェックし、トレンドの状況を確認します。トレンドの方向に合わせて、エクスパンションが発生したらエントリーをします。

長期チャートとトレンドが一致しているかを確認する

エントリー前に、トレンドの方向を確認します。

まず最初に月足の最新のローソク足が陰線か陽線かを確認します。次にトレードするチャートのミドルラインの傾きから以下のようにトレンドを確認します。

①月足が陰線かつミドルラインの傾きが下向きなら「下降トレンド」
②月足が陽線かつミドルラインの傾きが上向きなら「上昇トレンド」
③月足が陰線かつミドルラインが上向きなら「下降トレンド中の一時的な上昇トレンド」
④月足が陽線かつミドルラインが下向きなら「上昇トレンド中の一時的な下降トレンド」

①と②の場合は、強力なトレンドの可能性が高いのでトレード枚数多めでトレードを行い、③と④の場合は信頼性が低いと判断して、トレード枚数を少なめにしてトレードを行います。

また、月初めなどの影響で月足のローソク足の実体が短かい場合は、ひとつ前のローソク足の動きを考慮しつつトレンドを確認します。

ボリバンとローソク足でエントリーする

エントリーのタイミングは日足や4時間足でエクスパンションが発生したときです。エクスパンション発生中にトレンドと同じ方向にローソク足が連続で出現したらエントリーします。

たとえば、上昇トレンド中にエクスパンションが発生した場合は、陽線が2〜3本連続で出現したタイミングでエントリーをします。

売りサイン 下降トレンド中に、エクスパンションが発生し、陰線が2〜3本連続で出現したタイミング

買いサイン 上昇トレンド中に、エクスパンションが発生し、陽線が2〜3本連続で出現したタイミング

エクスパンションでエントリー

買いエントリーの場合

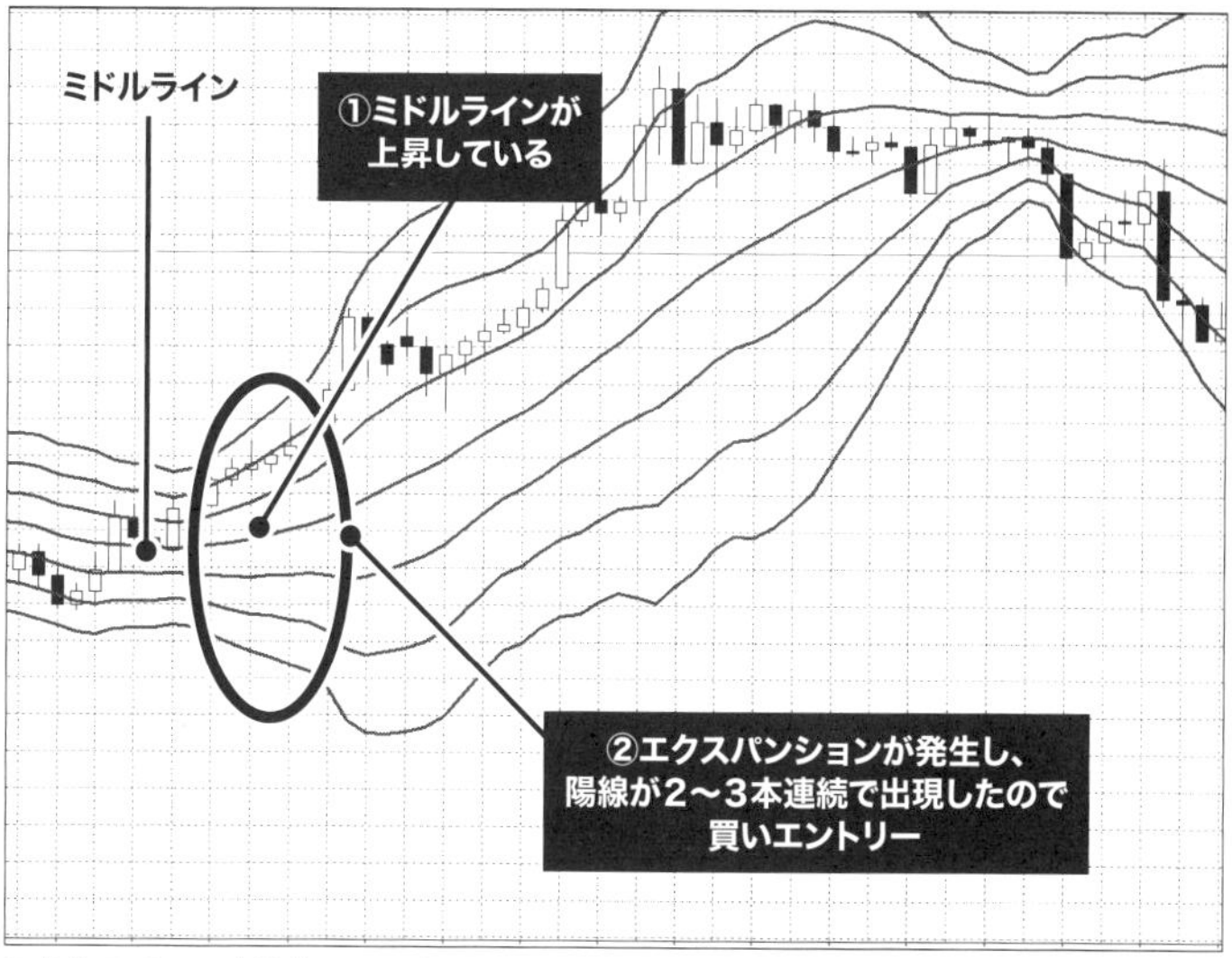
ミドルライン
①ミドルラインが
上昇している
②エクスパンションが発生し、
陽線が2〜3本連続で出現したので
買いエントリー

ミドルラインの上昇中に、エクスパンションが発生し、陽線が連続で出たタイミングで買いエントリーする。

エクスパンションが発生したときがチャンスになる

03

バンドウォークが発生したら買い増しや売り増しのチャンス

私の手法のポイント

月足のトレンドとトレードしているチャートのトレンドが一致している場合に限り、バンドウォーク中は買い増しや売り増しを行います。ただし、ハイリスクハイリターンになるので、資金に余裕があるときのみ行います。

真田恵美さん

バンドウォークが発生したら買い増し・売り増しを狙う

エントリー後に、トレードしているチャートでバンドウォークが発生したら買い増しや売り増しを行います。

買いエントリーの場合は、上昇中のプラス2σかプラス3σのいずれかにローソク足が上昇しながら3本連続で張り付いたら買い増しを行います。売りエントリーの場合は下降中のマイナス2σかマイナス3σのいずれかにローソク足が下降しながら、3本連続で張り付いたら売り増しを行います。

また、エントリーした時点で、すでにバンドウォークが発生しており、エントリー後も2～3本継続していれば、買い増しや売り増しを行います。

ただし、買い増しや売り増しを行うのは、月足のローソク足とミドルラインの方向性が一致している場合に限ります。不一致の場合は、リスクが高いため買い増しや売り増しは行いません。

また、買い増しや売り増しをするときの枚数はエントリーしたときの枚数の半分程度に抑えておきます。

▼買い増しや売り増しは資金に余裕があるときに限る

買い増しや売り増しするときの注意点として、投資資金に余裕があるときのみ行います。

バンドウォークは大きく稼げる可能性がある一方で、大きく反転することもあるため、イグジットが遅れた場合は損失を出してしまう可能性があります。

真田さんは、月間ベースで平均より利益が出ているときに限り買い増しや売り増しを行っています。

投資資金があまりない初心者の場合は、6~7回連続でトレードを失敗しても耐えきれる程度の資金力を確保しているときに絞って買い増し・売り増しするといいでしょう。

買い増しのタイミング

バンドウォークで買い増し

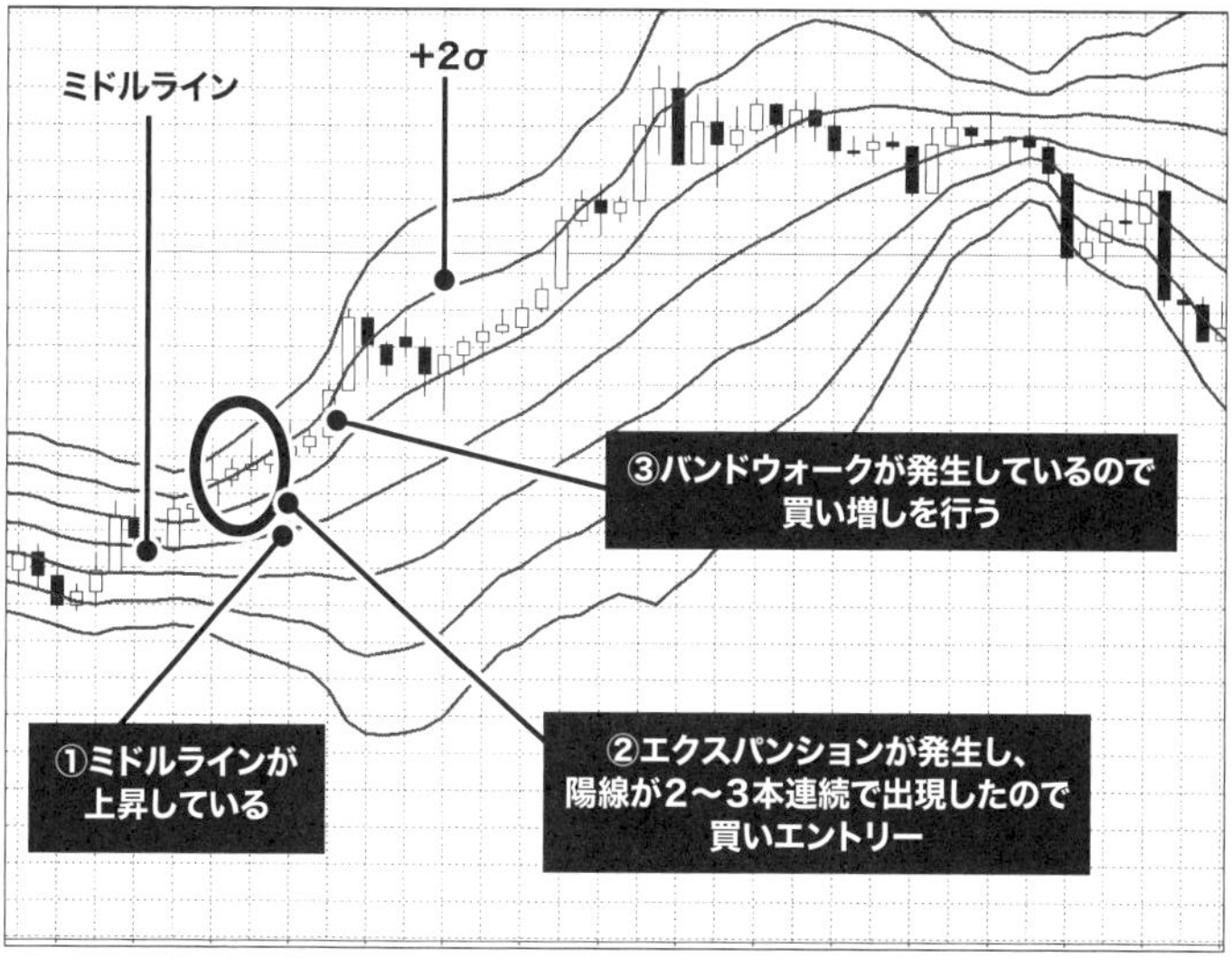
ミドルライン
+2σ
③バンドウォークが発生しているので買い増しを行う
①ミドルラインが上昇している
②エクスパンションが発生し、陽線が2～3本連続で出現したので買いエントリー

エントリー後、上昇中のプラス2σにローソク足が張り付いているので買い増しを行う。

バンドウォークが発生したら買い増しや売り増しをします

04 スクイーズが発生したタイミングでイグジット

私のイグジットのポイント

スクイーズが発生したら、トレンドが終了したと判断してイグジットします。σラインが収縮するだけでなく、ローソク足の動きを見て、スクイーズかどうかを判断し、イグジットします。

スクイーズ発生でイグジット

イグジットはスクイーズが発生したタイミングで行います。

スクイーズが発生したかどうかの判断はσラインの動きとローソク足の動きから判断します。

スクイーズとは52ページでも解説していますが、σラインが収縮していることです。ただし、ローソク足数本分だけ収縮する動きを見せて、再び広がる場合もあるので、σラインの動きだけで判断するとイグジットが早すぎるケースもあります。そのため、イグジットの判断をするにはローソク足の動きもチェックします。ローソク足がもみ合うなどして動きが鈍くなったり、反転したりしたらトレンドの動きが鈍い＝スクイーズが発生したと判断してイグジットします。

スクイーズ発生後はエントリーのチャンスになりやすい

ボリンジャーバンドの動きを見ているとわかりますが、σラインはエクスパンションとスクイーズを繰り返して推移しています。

そのため、スクイーズが発生した後は、エクスパンションが発生しやすい状況になります。エクスパンションが発生するということはエントリーのチャンスでもあるので、このチャンスを逃さないようにしましょう。

イグジットのタイミング

スクイーズが発生したらイグジット

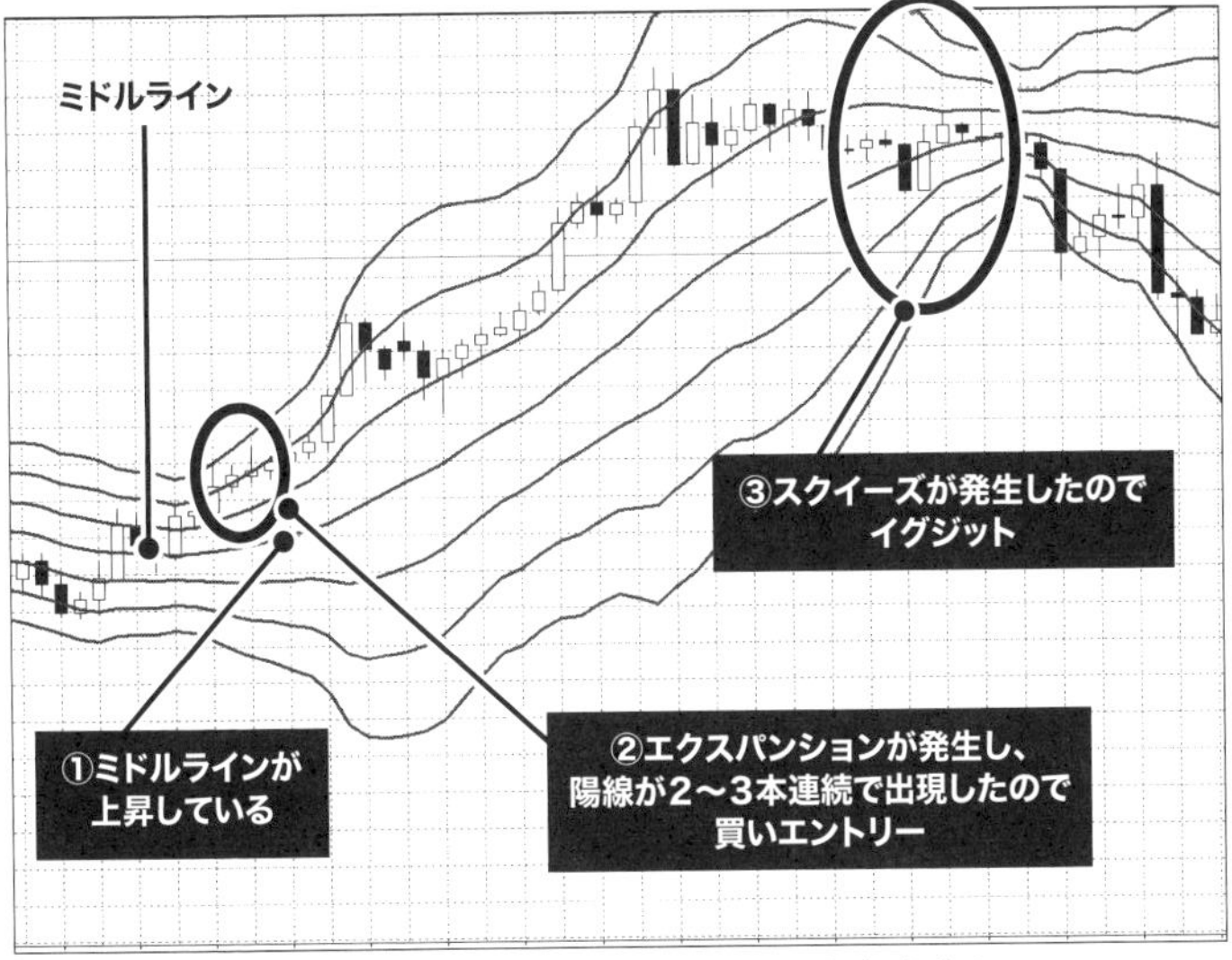
ミドルライン
③スクイーズが発生したので
イグジット
①ミドルラインが
上昇している
②エクスパンションが発生し、
陽線が2～3本連続で出現したので
買いエントリー

σラインが収縮し、ローソク足の動きが鈍っているのでイグジットする。

スクイーズは
トレンド終了の
合図です

05 ローソク足の反転は即イグジット

私のイグジットのポイント

エントリー直後にローソク足が反転した場合は、そのまま反転した方向に推移する可能性があるので、すぐにイグジットします。その後トレンドの方向に動きが戻った場合は状況に応じて再エントリーします。

エントリー直後の動きに注意

エントリー直後にローソク足が反転したら、トレードに失敗したと判断してイグジットします。

エクスパンション時は、トレンド方向に少しローソク足が動いた後に反対方向に急激に動くことがあります。そのため、ポジションを保有し続けると思わぬ損失が出てしまう可能性があるので、すぐにイグジットします。

また、イグジット後に再び反転することもあります。この場合は、状況に応じて再エントリーをします。

この再エントリーの判断について、真田さんはこれまでの経験から感覚的につかんで決めているので、具体的なルールはありません。

あえて判断材料のひとつを説明するのであれば、反転したときにどこまで下落や上昇しているかが判断のポイントになります。

たとえば、買いエントリー後ローソク足が反転した場合、プラス1σのラインまで下落し、それ以上下落の動きを見せず、再び上昇した場合は、ローソク足がプラス2σのラインを上に抜けたタイミングで再エントリーをします。

売りエントリーの場合はマイナス1σのラインを越えずに再び反転し、マイナス2σのラインを下抜けたタイミングで再エントリーします。

どちらの場合も、ミドルラインまで動くと再反転したとしても、リスクが高いため、再エントリーは行いません。

ただし、あくまでこれは判断材料のひとつであり、真田さんはローソク足の勢いやエントリー前の動きなど総合的な判断のもと再エントリーするかどうかを決めています。

自分の判断で相場の状況をつかめるようになるまでは、再エントリーは避けたほうが良いでしょう。

損切りのタイミング

エントリー直後に反転したら損切り

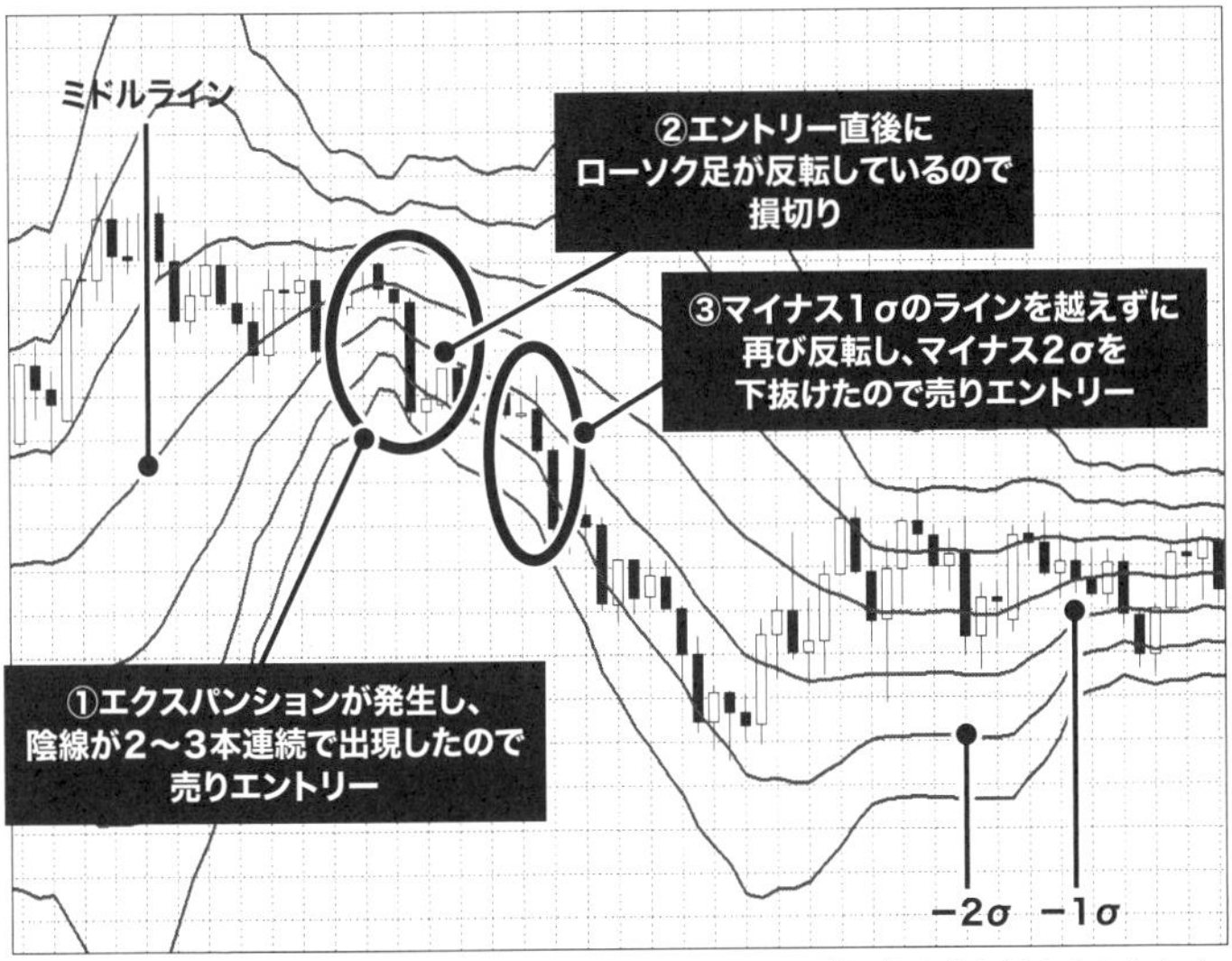
ミドルライン
②エントリー直後に
ローソク足が反転しているので
損切り
③マイナス1σのラインを越えずに
再び反転し、マイナス2σを
下抜けたので売りエントリー
①エクスパンションが発生し、
陰線が2～3本連続で出現したので
売りエントリー
−2σ
−1σ

エントリー直後にローソク足が反転したので損切りし、その後、大きく上昇することなく、下落したので再エントリーする。

反転しても、勢いがないときは再エントリーします

買い増し・売り増しをしたときは早めにイグジットしてもＯＫ

06 買い増し・売り増し後は早めにイグジット

私のイグジットのポイント

買い増しや売り増しを行った場合は、早めにイグジットすることがあります。ある程度十分な利益が確保できているときはバンドウォーク終了時にすべてのポジションをイグジットします。

買い増しや売り増しを行ったときはバンドウォーク終了でイグジット

買い増しや売り増しを行うということは、資金に余裕があるときなので、大きな利益は狙わず、ある程度含み益が出ている状態でイグジットして利益確定をしたほうが良いです。

イグジットするタイミングはバンドウォークが終了したときです。つまり、σラインに張り付いていたローソク足がσラインから離れたらイグジットします。バンドウォークが終了すると、レンジ相場に入ったり、ローソク足が反転したりすることも多いので、バンドウォーク終了と同時にイグジットしたほうがポジションを保有し続けるリスクを避けられるというのが真田さんの基本的な考えです。

ただし、買い増しや売り増しした直後にバンドウォークが終了した場合は、イグジットしてしまうと買い増しや売り増しをした分のポジションの含み益が少なく、買い増しや売り増しをした意味がなくなってしまうので、スクイーズ発生までポジションを保有し続けます。

また、相場の状況からまだトレンドが続きそうだなと感じた場合は、買い増しや売り増しした分のポジションだけをイグジットして、最初にエントリーしたポジションはスクイーズ発生まで持ち続けるというのも有効です。

買い増しした場合のイグジット

σラインから離れたらイグジット

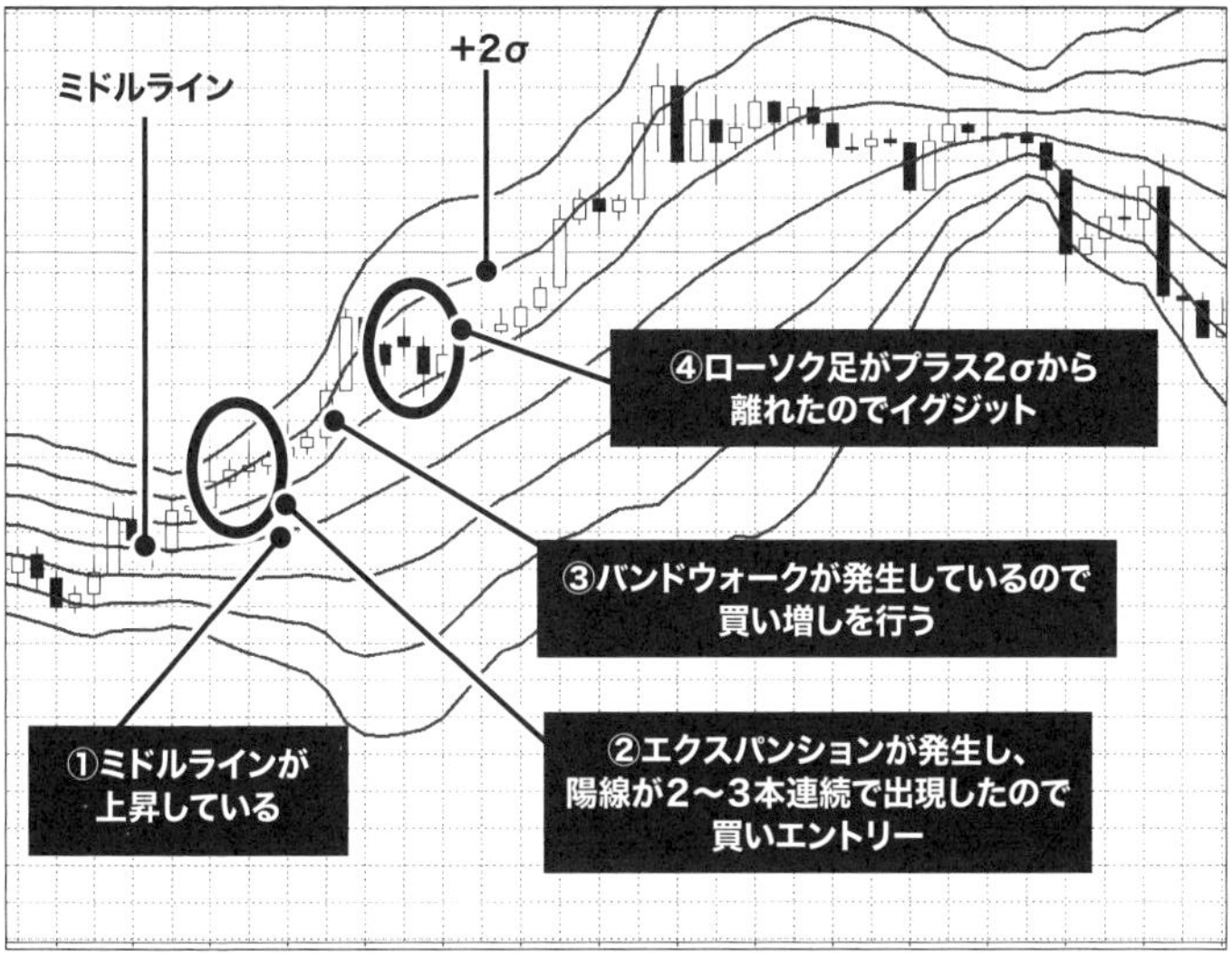
+2σ
ミドルライン
④ローソク足がプラス2σから離れたのでイグジット
③バンドウォークが発生しているので買い増しを行う
①ミドルラインが上昇している
②エクスパンションが発生し、陽線が2～3本連続で出現したので買いエントリー

買い増しや売り増しをした場合は、バンドウォークが終了したタイミングでイグジットする場合もある。

最初にエントリーしたポジションは残すのも有効です

ボリバンと一目均衡表の雲を使った長期トレード

01

向井忠弘さんの手法

私のトレードのポイント

ボリバンと一目均衡表の雲を使ったトレード手法です。週足の動きでトレンドを確認し、ボリバンのσラインの動きを見ながら雲とローソク足の位置関係でエントリーやイグジットをします。

向井忠弘さん

▼一目均衡表の雲とボリバンを使う

向井忠弘さんの投資手法は、ミドルラインでトレンドを確認し、一目均衡表の雲やボリバンの動きからそのトレンドに合わせたトレードをします。

ポジション保有期間は状況によって異なり、数日以内で終わることもあれば、数カ月にわたって保有し続けることもあります。

使用するテクニカル指標の設定は次のようになります。

一目均衡表

転換線「9」

基準線「26」

先行スパンB「52」

ボリバン

参照期間「21」

σライン「±1σ」「±2σ」「±3σ」

ローソク足

「4時間足」「日足」「週足」

使用している通貨ペアは米ドル／日本円やユーロ／日本円、英ポンド／日本円がメインです。また、詳しくは134ページ以降で解説しますが、「週足」のチャートはトレンドを確認するためだけに使い、実際のトレードで利用するのは「日足」か「4時間足」です。

向井忠弘さん

向井さんのチャート画面

ボリバンと雲を表示する

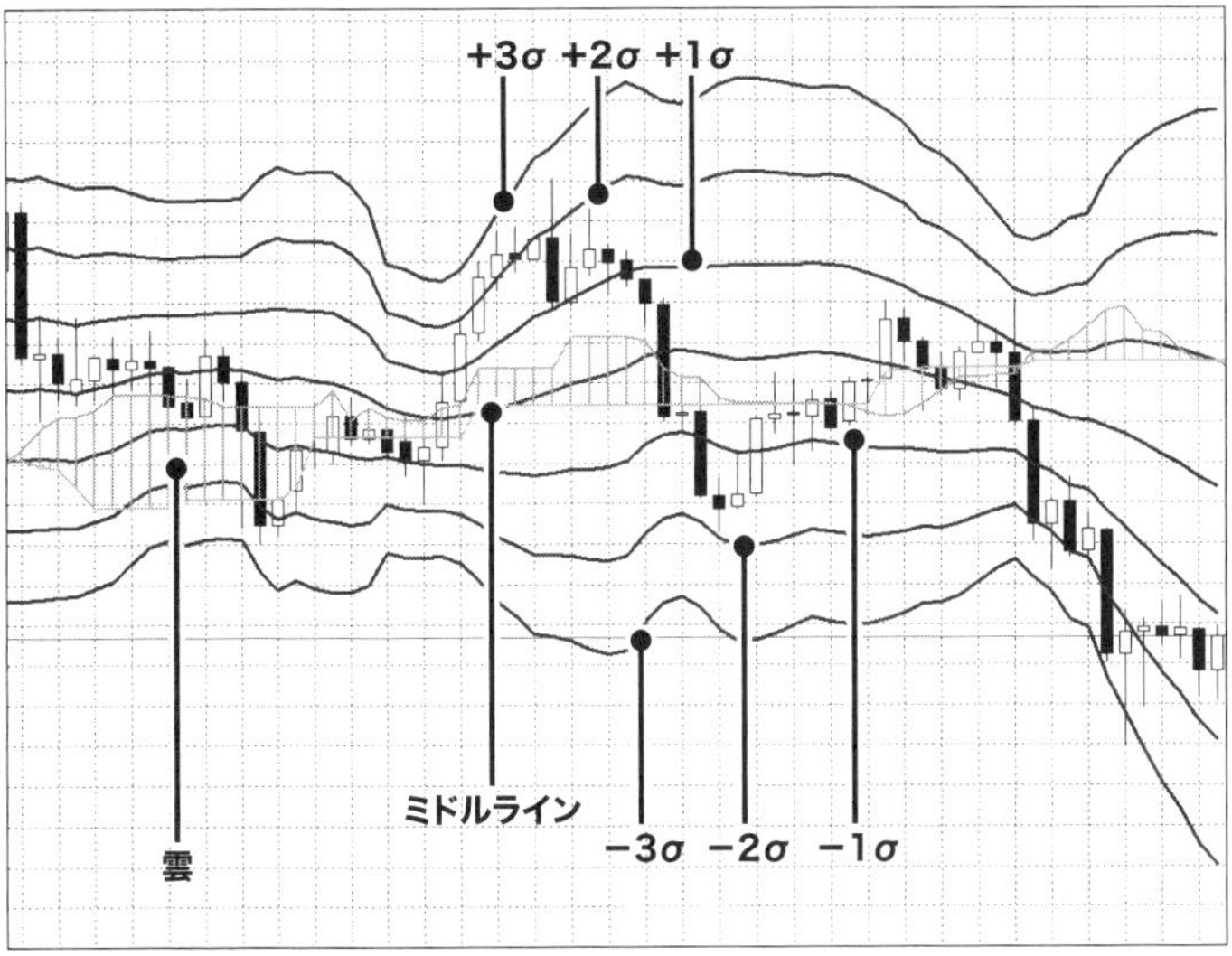

ボリバンと一目均衡表の雲を表示する。

長期チャートでトレンドが確認できるかがポイント

02

エクスパンションを狙ってエントリー

私のエントリーのポイント

週足でトレンドが確認できるときは、日足でエクスパンションが発生したらエントリーを狙います。週足でトレンドが確認できない場合は、日足のトレンドを確認し、4時間足のエクスパンションでエントリーを狙います。

長期チャートとトレンドを確認する

エントリー前に、週足でトレンドの方向性を確認します。ミドルラインを確認して、上向きなら上昇トレンド、下向きなら下降トレンドと判断します。週足で確認したトレンドをもとに、上昇トレンドなら「日足」で買いエントリー、下降トレンドなら「日足」で売りエントリーを狙います。

週足のトレンドがはっきりしない場合は、同様の方法で日足のトレンドを確認し、日足で上昇トレンドなら「4時間足」で買いエントリー、下降トレンドなら「4時間足」で売りエントリーを狙います。

週足と日足の両方でトレンドが確認できない場合は、トレードは行いません。

向井さんの手法は、エクスパンションを狙うものと雲のねじれを狙うもの（146ページ参照）の2種類があります。

エクスパンションを狙う手法では、ボリバンの各ラインが広がり始めた状態でローソク足が雲を上に突き抜けたり、雲の上を推移していれば、買いエントリー。ローソク足が雲を下に突き抜けたり、雲の下を推移していれば、売りエントリーします。

ローソク足が雲の上や下に推移している場合は、ボリバンが広がり始めたタイミングでエントリーしますが、ローソク足が雲を突き抜けた場合は、突き抜けた状態でローソク足が確定したらエントリーします。

売りサイン

長期チャートで下降トレンドを確認後、エクスパンションが発生中にローソク足が雲を下に突き抜けるか、雲の下で推移しているとき

買いサイン

長期チャートで上昇トレンドを確認後、エクスパンションが発生中にローソク足が雲を上に突き抜けるか、雲の上で推移しているとき

エクスパンションでエントリー

買いエントリーの場合

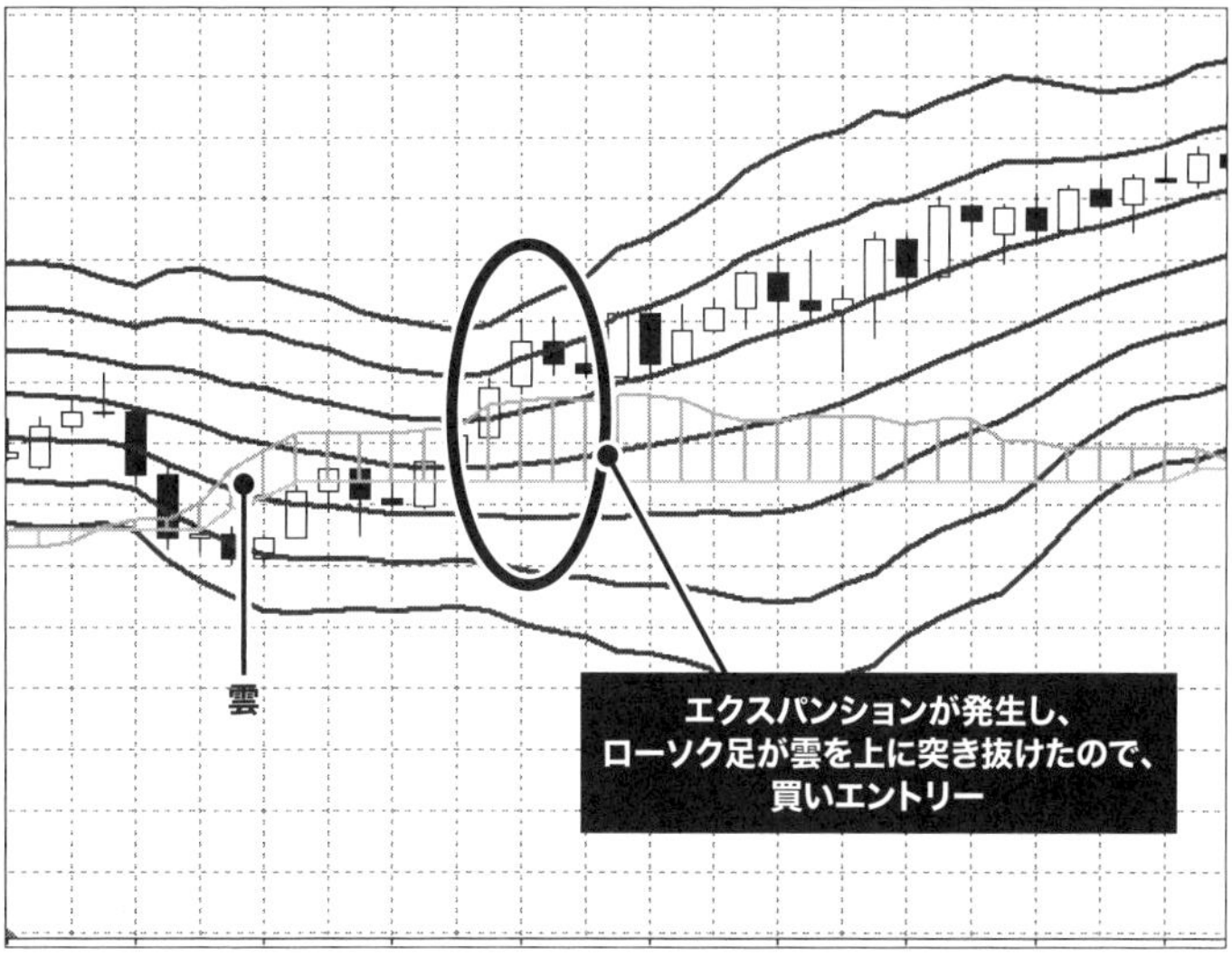
雲
エクスパンションが発生し、
ローソク足が雲を上に突き抜けたので、
買いエントリー

エクスパンションが発生し、ローソク足が雲を上に突き抜けたので買いエントリーする。

エクスパンションが発生したときがチャンスです

03

スクイーズが発生したら イグジット

私のイグジットのポイント

スクイーズが発生したり、ローソク足がミドルラインを突き抜けたりしたら、トレンドが終了したと判断して、イグジットします。ローソク足がミドルラインを突き抜けた場合は、ローソク足が確定するまでイグジットを待ちます。

スクイーズが発生したらイグジット

イグジットのタイミングはふたつあります。

ひとつめは、ボリバンでスクイーズが発生したタイミングです。

スクイーズが発生したかどうかの判断はσラインの動きだけでなく、ミドルラインの動きにも注目します。

σラインが収縮し始めているときにミドルラインの傾きが緩やかになったり、逆向きになっていたりしたら、スクイーズと判断してイグジットします。

ローソク足がミドルラインを突き抜けたらイグジット

ふたつめのイグジットのタイミングはローソク足がミドルラインを突き抜けたときです。

買いエントリーの場合はローソク足がミドルラインを下に突き抜けたとき、売りエントリーの場合はローソク足がミドルラインを上に突き抜けたときにイグジットします。

イグジットのタイミング①

スクイーズが発生したらイグジット

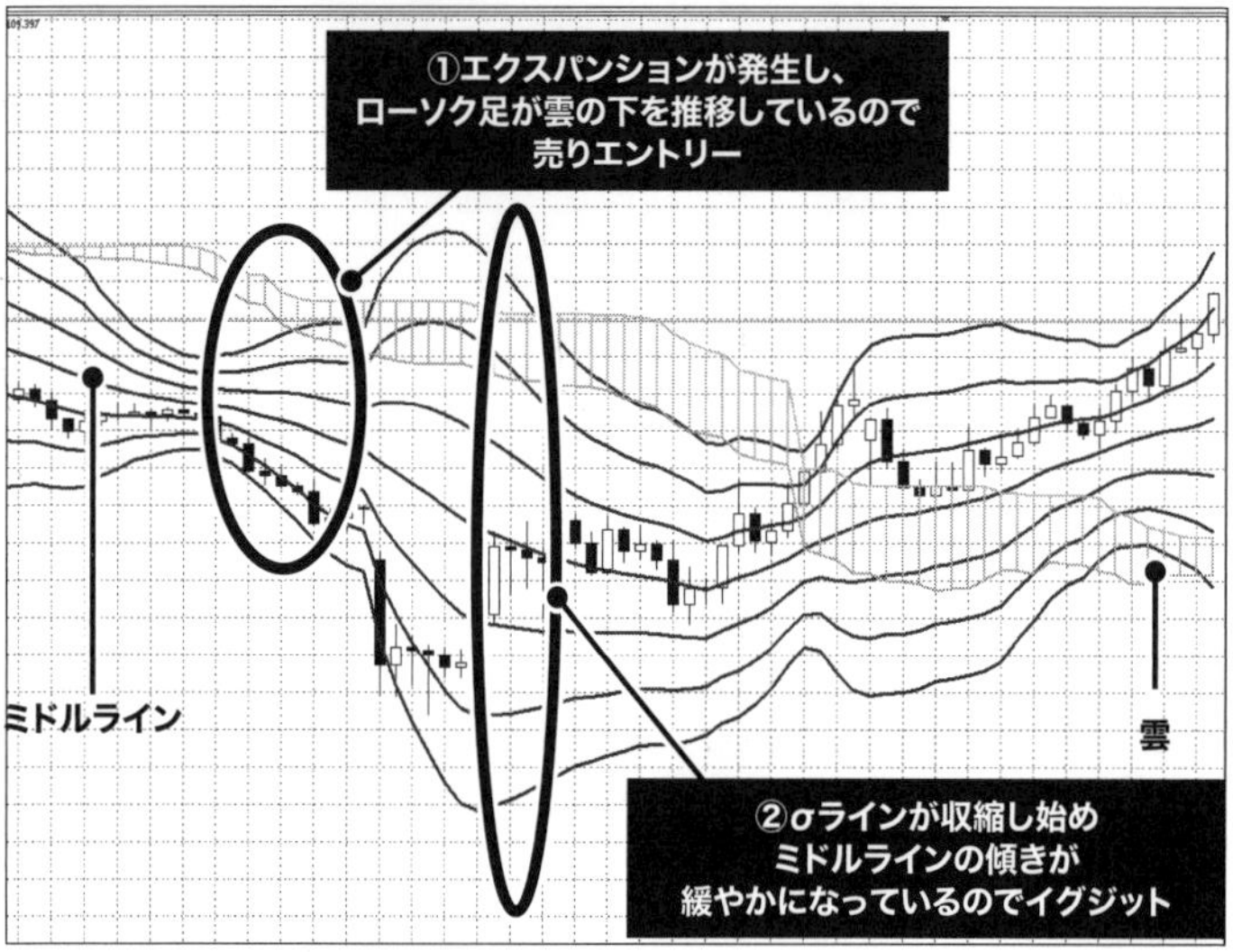

①エクスパンションが発生し、
ローソク足が雲の下を推移しているので
売りエントリー
ミドルライン
雲
②σラインが収縮し始め
ミドルラインの傾きが
緩やかになっているのでイグジット

エントリー後、σラインが収縮しはじめ、ミドルラインの傾きが緩やかになっているので、イグジットする。

ローソク足がミドルラインを突き抜けたときは、トレンドが反転する可能性が高くなるからです。

ただし、押し目や戻りの動きでミドルラインを突き抜けることもあるので、ミドルラインを突き抜けた状態でローソク足が確定したのを確認してからイグジットします。

例外としては、買いエントリーの場合はローソク

イグジットのタイミング②

ローソク足がミドルラインを突き抜けたらイグジット

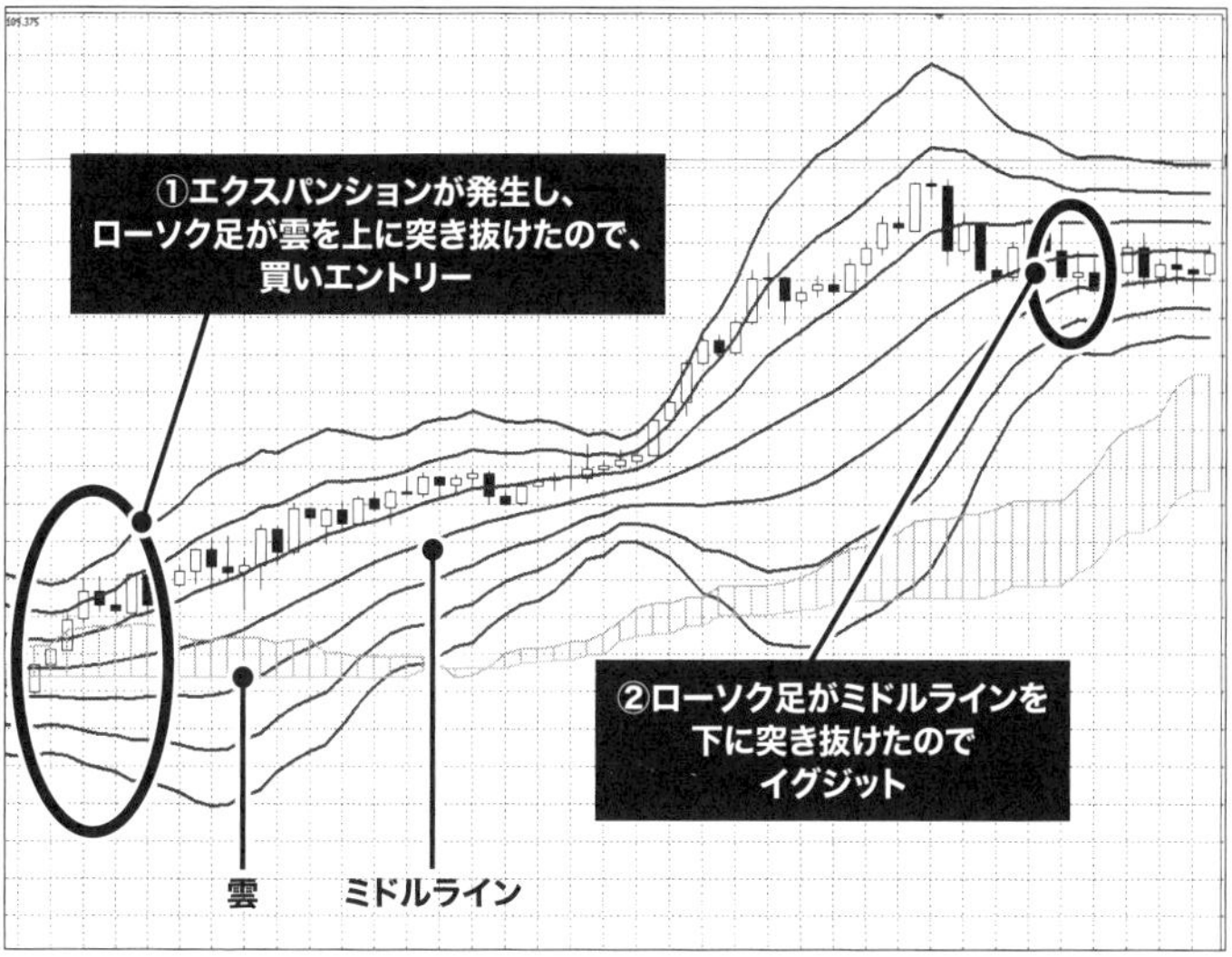
①エクスパンションが発生し、
ローソク足が雲を上に突き抜けたので、
買いエントリー
②ローソク足がミドルラインを
下に突き抜けたので
イグジット
雲
ミドルライン

エントリー後、ローソク足がミドルラインを下に抜けたのでイグジットする。

足がミドルラインを突き抜けて確定する前にマイナス1σにタッチしたら確定前でもイグジットします。同様に、売りエントリーの場合はローソク足が確定する前にプラス1σにタッチしたら確定前にイグジットをします。

04

エントリー後ローソク足が雲まで戻ったらトレード失敗

私のイグジットのポイント

エントリー後ローソク足が反転し、雲まで戻ったらトレード失敗と判断してイグジットします。エントリーしたときの基準によって、イグジットするときのタイミングは異なります。

エントリー直後にローソク足が反転したらイグジット

トレードを失敗したと判断する基準はエントリー後、ローソク足が反転したときです。

エクスパンション時はローソク足はいったん上昇したのちに勢いよく下落したり、下落後に勢いよく上昇したりすることがあります。とくに最初の上昇や下落の勢いが強いほど、反転したときの勢いも強くなる傾向があります。

そのため、すぐにイグジットしないと大きな損失になってしまう可能性があります。

目安としては、ローソク足が雲の上や下で推移している状態でエントリーした場合は、エントリー後のローソク足が数本で雲の中まで戻ってしまったときはイグジットします。

ローソク足が雲を突き抜けてエントリーした場合は、ローソク足が反転し、雲を逆方向に突き抜けたタイミングでイグジットします。また、雲の中を推移する状況が続いている場合は、ミドルラインを確認して、傾きが確認できなかったり、エントリーした方向とは逆方向に傾いたりした場合もイグジットします。

▼ローソク足反転後のエントリーサインは避ける

ローソク足が反転した後の流れでスクイーズ↓エクスパンションと変化し、エントリーサインが出た場合はダマシが発生しやすくなります。

反転したあとは再び反転する可能性が高く、そのまま短期的なトレンドを繰り返しながらレンジ相場に移行することもあり、あまりトレードに適した相場状況とはいえません。

無理にトレードせずに、相場が落ち着くまで様子見をしたほうが良いでしょう。

トレード失敗のタイミング

ローソク足が反転したらイグジット

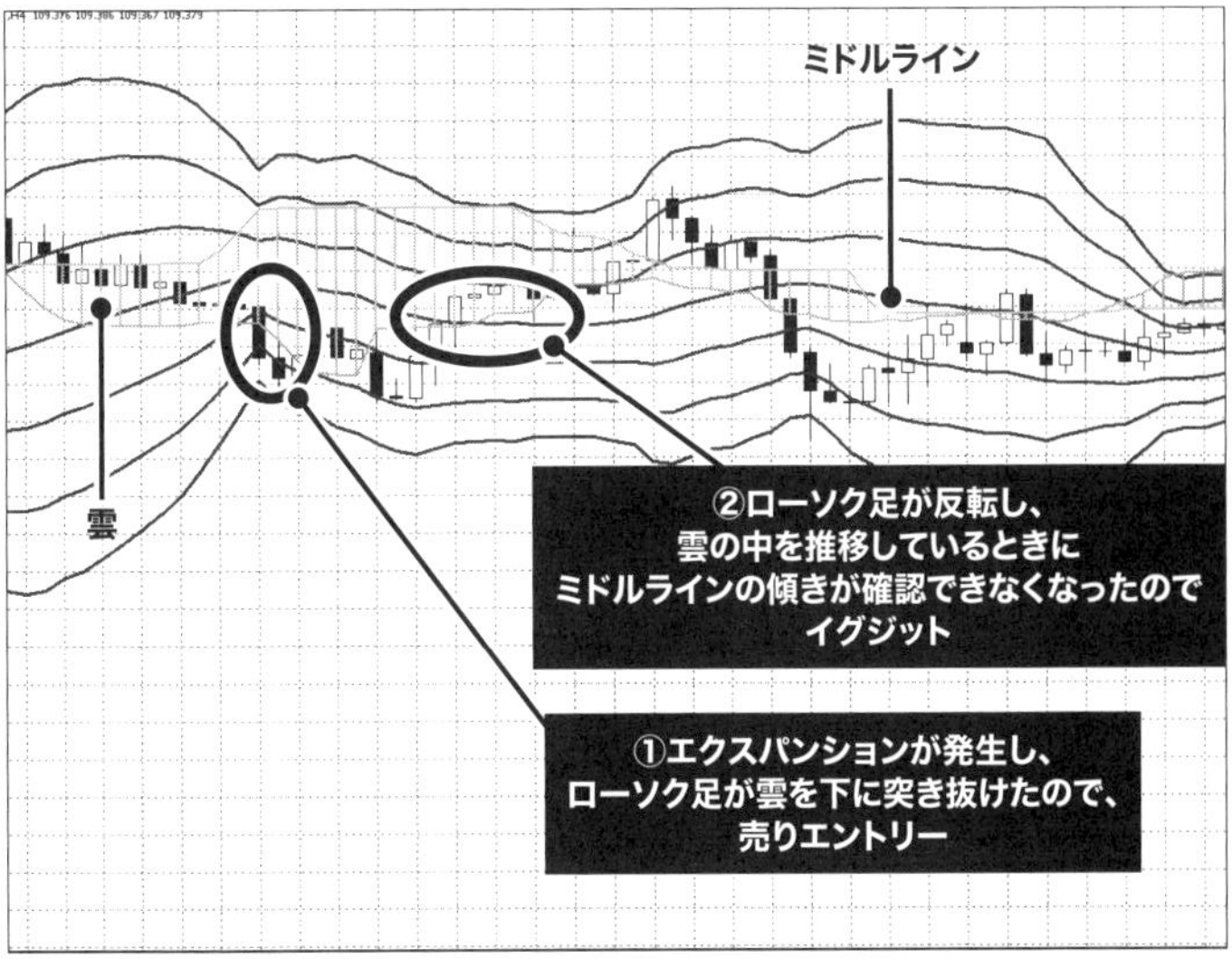
ミドルライン
雲
②ローソク足が反転し、
雲の中を推移しているときに
ミドルラインの傾きが確認できなくなったので
イグジット
①エクスパンションが発生し、
ローソク足が雲を下に突き抜けたので、
売りエントリー

ローソク足が反転し、雲の中に戻った状態で、ミドルラインの傾きが確認できなくなったのでイグジット。

雲を突き抜けた場合も
トレード失敗と判断し
イグジットします

05

雲のねじれが発生し、雲を突き抜けたらエントリー

私のエントリーのポイント

先行する雲がねじれ、ローソク足が雲を突き抜けたらエントリーします。ただし、先行する雲が何度もねじれている場合は、トレードが失敗する可能性が高いので、エントリーしません。

雲がねじれ、ローソク足が雲を突き抜けたらエントリー

もうひとつの手法である雲のねじれを狙った手法では、雲の動きを見てエントリーの判断をします。

一目均衡表の雲のねじれは相場の転換を意味します。雲がねじれたタイミングで、ローソク足が雲を突き抜けた状態で確定したときは、大きなトレンドが発生している可能性が高いと判断できるのでエントリーします。

雲は先行して表示されるので、雲のねじれが発生したらエントリーチャンスになります。雲がねじれているポイント前後でローソク足が雲を突き抜けて、確定したらエントリーします。

このとき注意したいのは、先行する雲のねじれが何度も発生する場合は、エントリーしないということです。

一目均衡表の雲を形成している先行スパンAと先行スパンBがもみ合っているときは、何度もねじれが発生します。この状況の時は、ローソク足ももみ合ったり、エントリーとは逆方向に大きく動く可能性があるので、トレードは避けます。

逆に、先行する雲が広がりながら推移しているときは信頼性が高いので、枚数を多くするなどしてエントリーします。

売りサイン

雲のねじれが発生したポイントの前後でローソク足が雲を下に突き抜けたタイミング

買いサイン

雲のねじれが発生したポイントの前後でローソク足が雲を上に突き抜けたタイミング

雲のねじれを狙ったエントリー

売りの場合

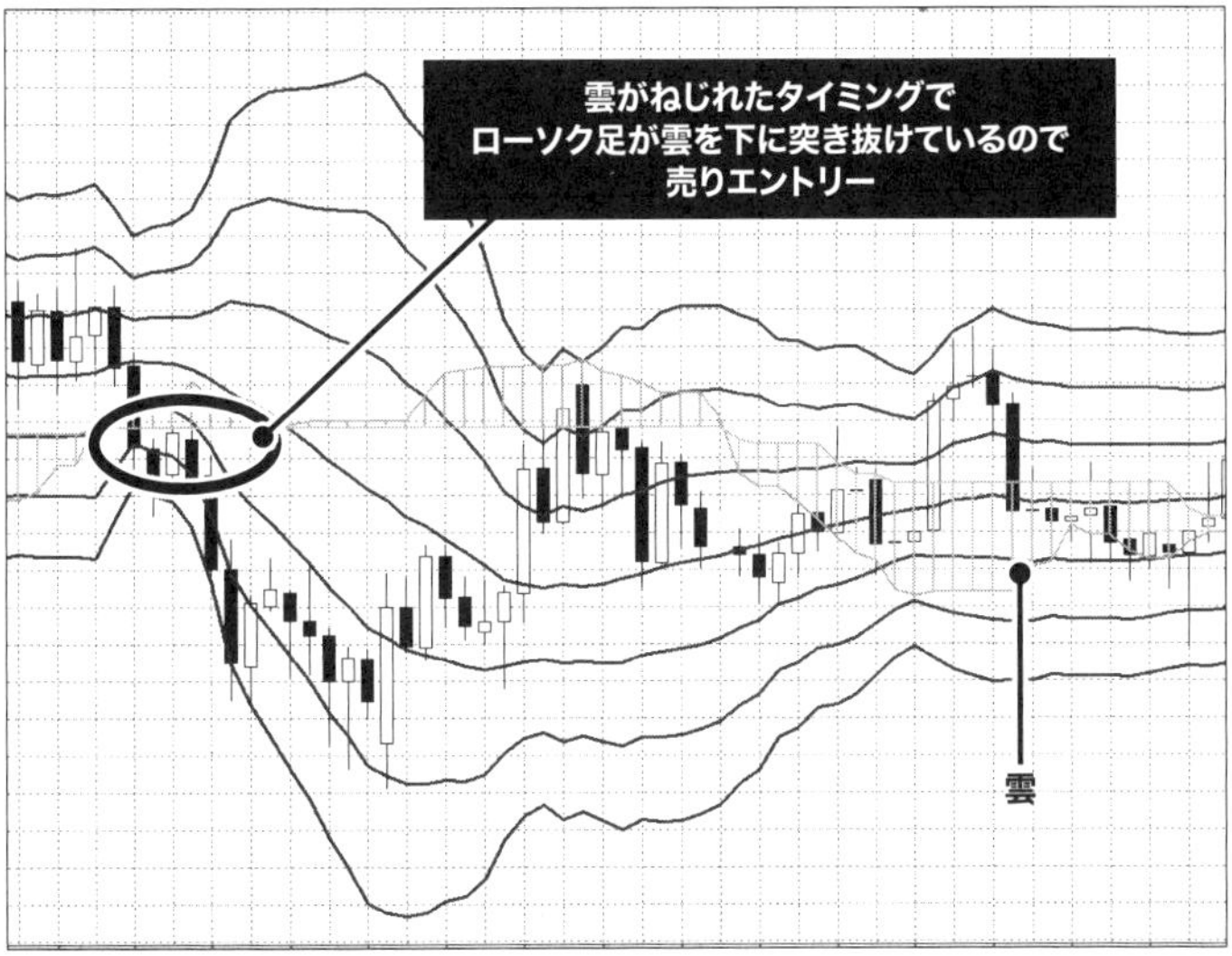
雲がねじれたタイミングで
ローソク足が雲を下に突き抜けているので
売りエントリー
雲

雲がねじれた前後でローソク足が雲を突き抜けたらエントリーする。

雲のねじれの前後で
ローソク足が雲を
突き抜けたらエントリー

06

ローソク足の動きでイグジットを判断する

私のイグジットのポイント

ローソク足がミドルラインまで戻るか、±3σを二度突き抜けたらイグジットします。また、エクスパンションのトレードと同様に雲まで戻ったらトレード失敗と判断します。

ミドルラインまで戻ったらイグジット

雲のねじれたタイミングでエントリーした場合のイグジットは2種類のパターンがあります。

ひとつめの利食いパターンは、ローソク足がミドルラインまで戻ったタイミングです。たとえば買い（売り）エントリーした場合は、ミドルラインより上（下）でローソク足が推移したあとにミドルラインまで下落（上昇）したらイグジットをします。

上昇や下降したあとにミドルラインまで戻った場合は、トレンドの勢いが弱くなっている可能性が高いので、このタイミングでイグジットを行います。

±3σを二度突き抜けたらイグジット

もうひとつの利食いパターンは、±3σを2度突き抜けたタイミングです。

たとえば、買いエントリーしたあと、一度プラス3σまで上昇し、少し下落してプラス3σから離れたあとに、再び上昇してプラス3σを突き抜けたら利食いをします。

2度±3σを突き抜けた場合はその後大きく反転する可能性が高い傾向があります。そのままトレンドが続く場合もありますが、この時点である程度含み益があるはずなので、欲張らずにイグジットして利益確定します。

トレード失敗の判断はエントリー直後のローソク足反転

トレード失敗の判断は142ページで説明したものと同様にエントリー直後にローソク足が反転した場合です。

ローソク足の動きが反転し、雲を逆方向に突き抜けたタイミングでイグジットします。ローソク足が雲の中を推移する状況が続いている場合も同様で、ミドルラインを確認して、傾きが確認できなかったり、エントリーした方向とは逆方向に傾いたらイグジットします。

イグジットのタイミング

マイナス3σを2回突き抜けたのでイグジット

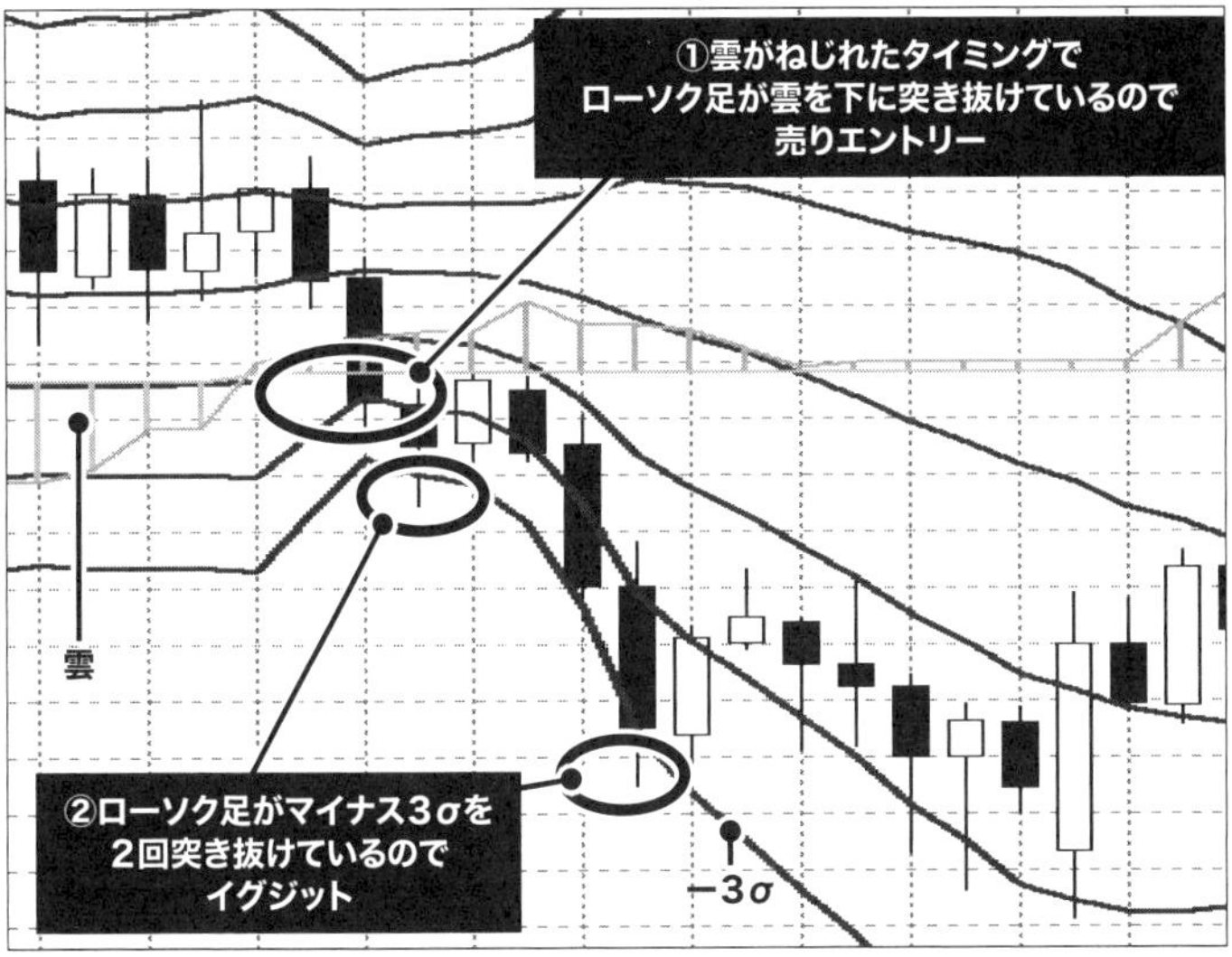
①雲がねじれたタイミングで
ローソク足が雲を下に突き抜けているので
売りエントリー
雲
②ローソク足がマイナス3σを
2回突き抜けているので
イグジット
−3σ

ローソク足が２回マイナス３σを突き抜けたのでイグジットする。

イグジットしたあとのトレンドが弱まっているのがわかります

01

田所博美さんの手法

私のトレードのポイント

ボリバンと移動平均線を使ったトレード手法です。各チャートの移動平均線の動きからトレンドを確認し、ボリバンのσラインの動きを見ながらエントリーやイグジットをします。

田所博美さん

ボリバンと移動平均線を使う

田所博美さんの投資手法は、中期移動平均線とボリバンの動きを見てトレードをします。

ポジションの保有期間は状況によって異なり、数日以内で終わることもあれば、数カ月にわたって保有し続けることもあります。

使用するテクニカル指標の設定は次のようになります。

ボリバン
参照期間「21」
σライン「±1σ」「±2σ」「±3σ」

移動平均線
参照期間「70」

ローソク足
「4時間足」「日足」「週足」「月足」

使用している通貨ペアは米ドル／日本円やユーロ／日本円、英ポンド／日本円がメインです。

また、詳しくは158ページ以降で解説しますが、「週足」や「月足」のチャートはトレンドを確認するためだけに使い、実際のトレードで利用するのは「日足」か「4時間足」です。

田所博美さん

田所さんのチャート画面

ボリバンと移動平均線を表示する

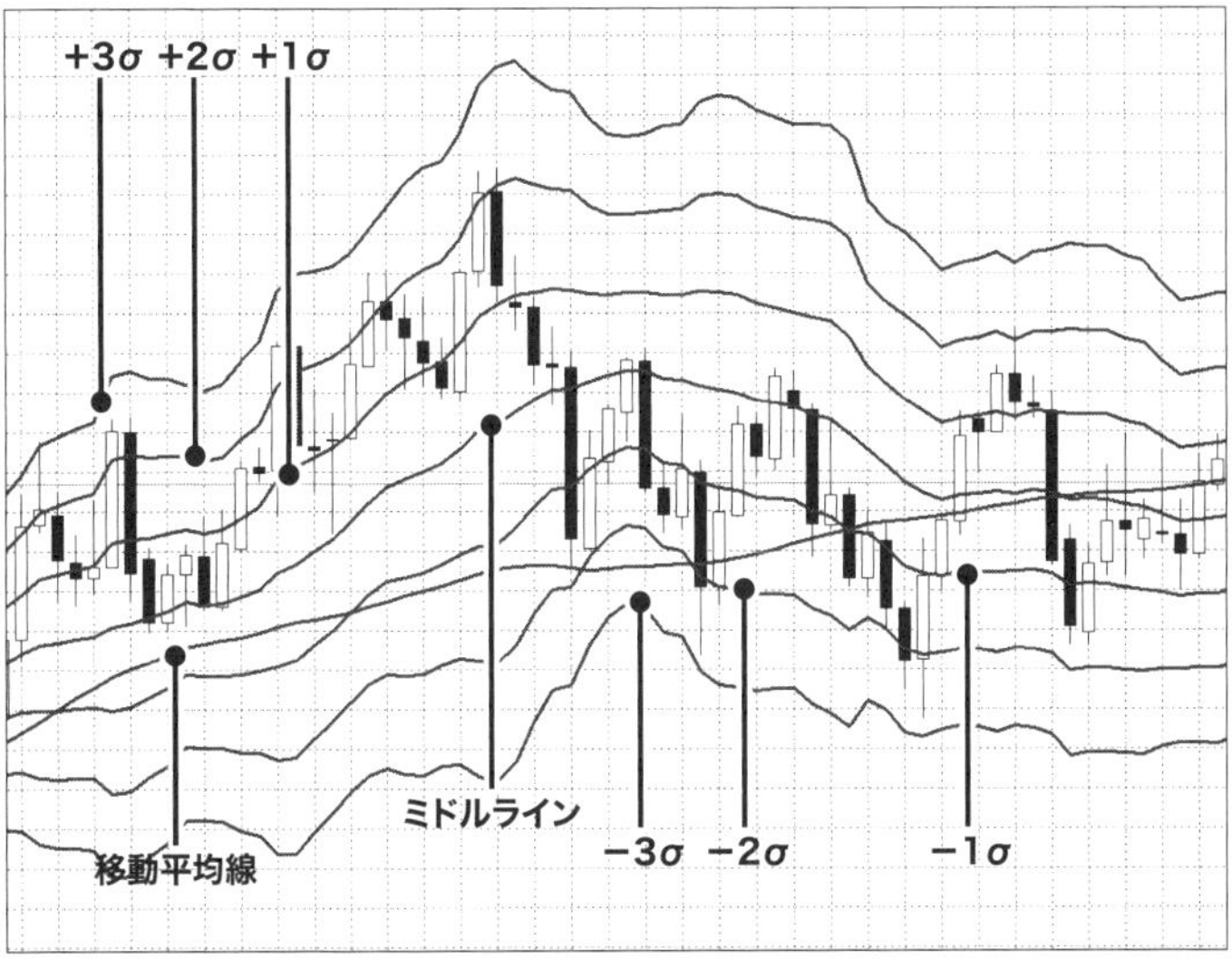

ボリバンと移動平均線を表示する。

02

エクスパンション時のクロスを狙ってエントリー

私のエントリーのポイント

月足、週足、日足、4時間足でトレンドを確認し、日足や4時間足でエクスパンションが発生し、ミドルラインと移動平均線がクロスしたらエントリーを狙います。

月足、週足、日足、4時間足のトレンドを確認する

エントリー前に、トレンドの状況を確認をします。「月足」、「週足」、「日足」、「4時間足」に参照期間70の移動平均線を表示し、上向きか下向きかをチェックします。たとえば、すべての足の移動平均線が上向きであれば強力な上昇トレンドが発生していると判断します。また、月足と週足が下向きで、日足と4時間足が上向きの場合は、強力な下降トレンド中の一時的な上昇トレンドと判断します。このようにして、トレンドの状況を確認します。

エントリーするかどうかの判断は、日足でトレードする場合は、週足と日足のトレンドが一致していることが条件になり、4時間足でトレードする場合は日足と4時間足のトレンドが一致している場合に限ります。

また、トレンドの状況によってトレードする枚数の調整を行います。すべてのチャートで同じ方向のトレンドであれば枚数は多めにし、不一致の場合は枚数を抑えめにします。

トレンドを確認したら、次にトレードするチャートのボリバンの動きを確認し

ます。ボリバンのσラインが広がり始めるエクスパンションが発生していれば、エントリーの準備をします。

エントリーのタイミングは　エクスパンションが発生している状態でミドルラインと移動平均線がクロスしたときです。ミドルラインが移動平均線を上に抜いたら買いエントリー。ミドルラインが移動平均線を下に抜いたら売りエントリーします。

売りサイン

下降トレンド中に、エクスパンションが発生し、ミドルラインが移動平均線を下に抜けたとき

買いサイン

上昇トレンド中に、エクスパンションが発生し、ミドルラインが移動平均線を上に抜けたとき

エクスパンションでエントリー

買いエントリーの場合

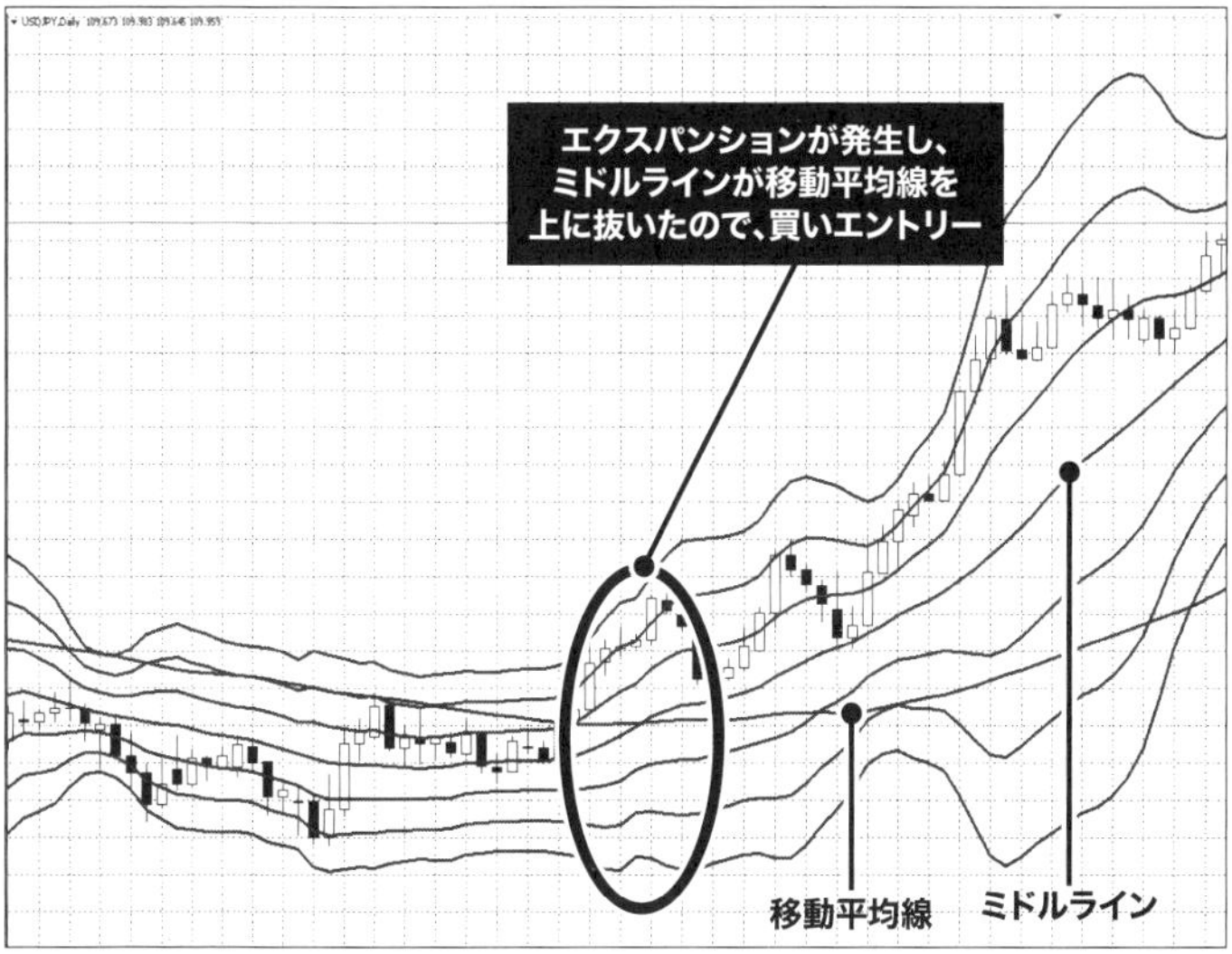
エクスパンションが発生し、ミドルラインが移動平均線を上に抜いたので、買いエントリー
移動平均線
ミドルライン

エクスパンションが発生したタイミングで、ミドルラインが移動平均線を上に抜けたので、買いエントリーする。

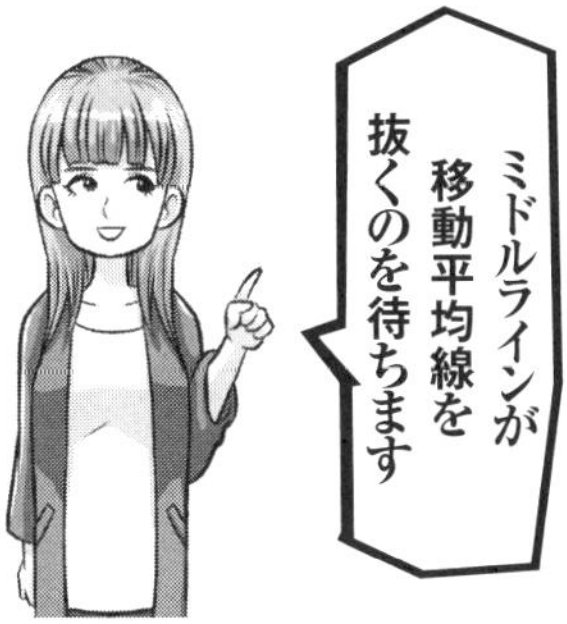
ミドルラインが移動平均線を抜くのを待ちます

スクイーズが発生するかローソク足が反転したらイグジット

03
トレンドが終了したらイグジット

私のイグジットのポイント

スクイーズが発生したり、ローソク足が反転したりしたら、トレンドが終了したと判断してグジットします。ローソク足の反転はその時の状況に応じてイグジットのタイミングが異なります。

田所博美さん

スクイーズが発生したらイグジット

イグジットするタイミングはふたつあります。

ひとつめはスクイーズが発生したタイミングです。

スクイーズしたと判断するポイントはふたつあります。ひとつめはσラインが収縮していること。ふたつ目はローソク足やミドルラインの勢いが落ちていることです。

σラインの動きだけだとダマシの可能性もあるので、ローソク足やミドルラインの勢いが落ちてきたら、スクイーズと判断してイグジットするわけです。

ローソク足が反転したらイグジット

ふたつめはローソク足が反転したときです。

ボリバンがスクイーズの動きをする前でも、ローソク足が大きく反転の動きをしたら含み益があるうちにイグジットします。

そのときの状況によってイグジットするタイミングが異なるので、具体的にこ

イグジットのタイミング①

スクイーズが発生したらイグジット

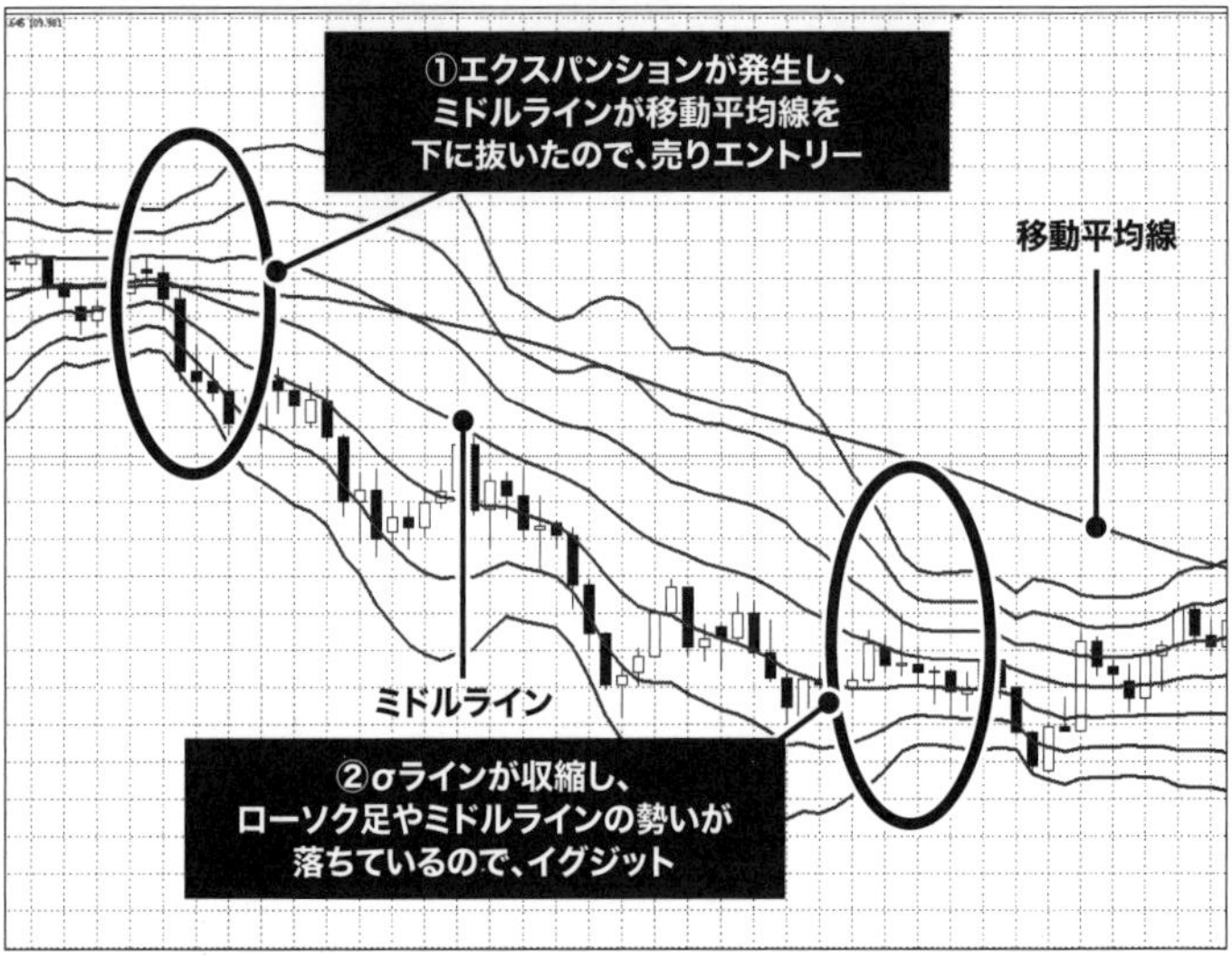
①エクスパンションが発生し、
ミドルラインが移動平均線を
下に抜いたので、売りエントリー
移動平均線
ミドルライン
②σラインが収縮し、
ローソク足やミドルラインの勢いが
落ちているので、イグジット

エントリー後、σラインが収縮しはじめ、ミドルラインの傾きが緩やかになり、ローソク足の勢いが落ちているので、イグジットする。

のタイミングというものはありません。

ひとつの目安としては、ローソク足が反転しもみ合っているような状況になったらイグジットします。

イグジットのタイミング②

ローソク足が反転したらイグジット

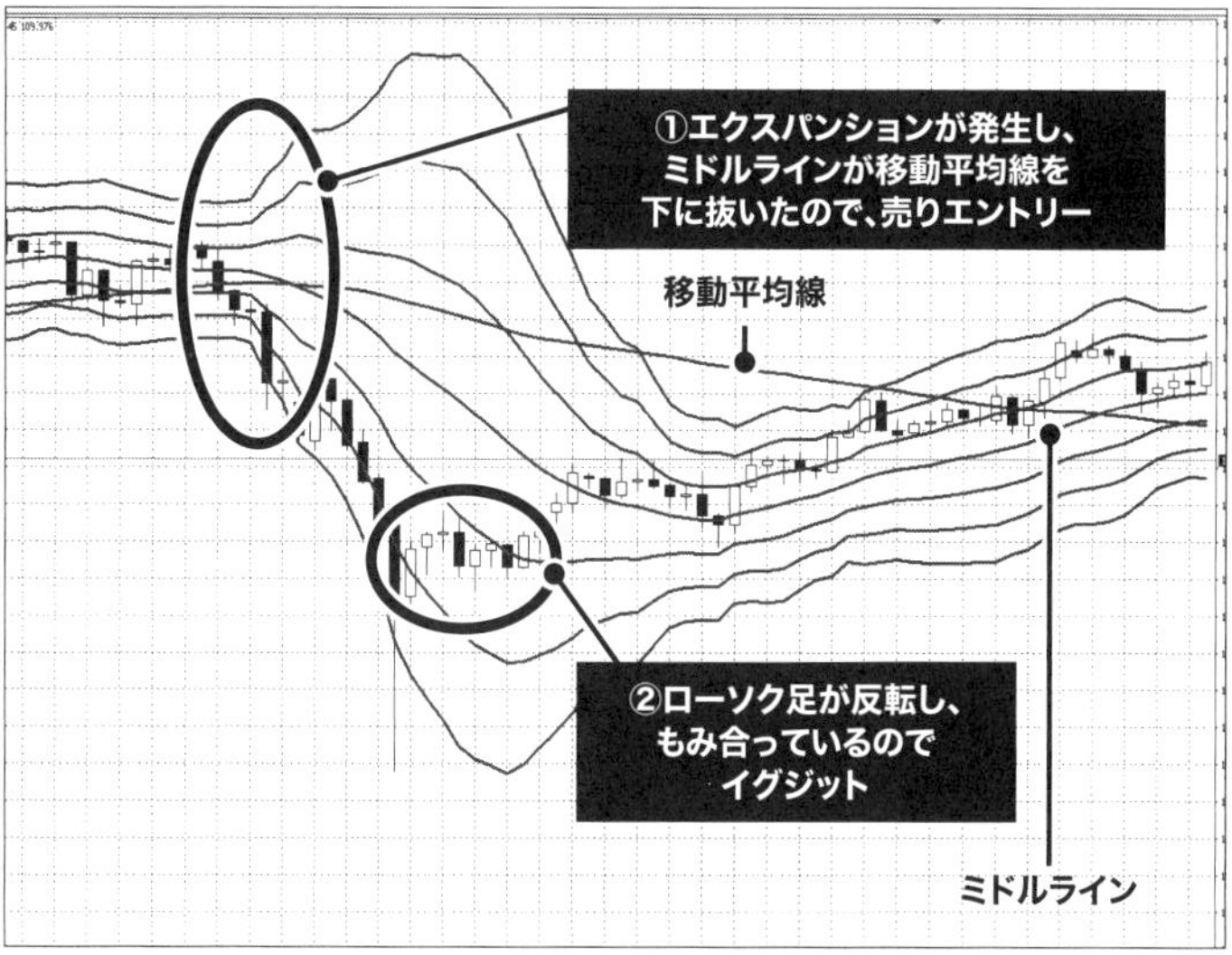
①エクスパンションが発生し、
ミドルラインが移動平均線を
下に抜いたので、売りエントリー
移動平均線
②ローソク足が反転し、
もみ合っているので
イグジット
ミドルライン

エントリー後、ローソク足が反転し、もみ合っているので、トレンドが終了したと判断してイグジットする。

ローソク足の反転など
トレンドが終了したような
動きをしたらイグジット

04

エントリー後ミドルラインを突き抜けたらトレード失敗

私のイグジットのポイント

エントリー後ローソク足が反転し、ミドルラインまで戻ったらトレード失敗と判断してイグジットします。とくに、エントリー前後で大きくローソク足が動いた場合は、ミドルラインまで戻りやすい傾向があります。

エントリー後にローソク足が反転したらイグジット

トレード失敗の判断はローソク足がミドルラインを突き抜けたタイミングで行います。買いエントリーの場合はローソク足がミドルラインを下に抜けたとき、売りエントリーの場合はローソク足がミドルラインを上に抜けたときにイグジットします。

押し目や戻りでミドルラインを抜けてしまうこともありますが、放っておくとそのまま損失を増やす結果になりかねないので、失敗したと判断してイグジットすることが重要です。

エントリー前後にローソク足が大きく動いたら注意

ローソク足の反転は直前に大きく動いた際に発生しやすい傾向があります。

たとえば、ローソク足が大きく下落している中でミドルラインと移動平均線がクロスした場合、クロスした直後に大きく上昇する場合もあります。

そのため、リスクをできるだけ抑えたいのであれば、ミドルラインと移動平均線がクロスする手前でローソク足が大きく動いていたときは、エントリーしないというのもひとつの手です。

逆にリスクをとってでも、リターンを追求するのであれば、直前のローソク足の動きはあまり気にせずにトレードするといいでしょう。

トレード失敗のタイミング

ローソク足が反転したらイグジット

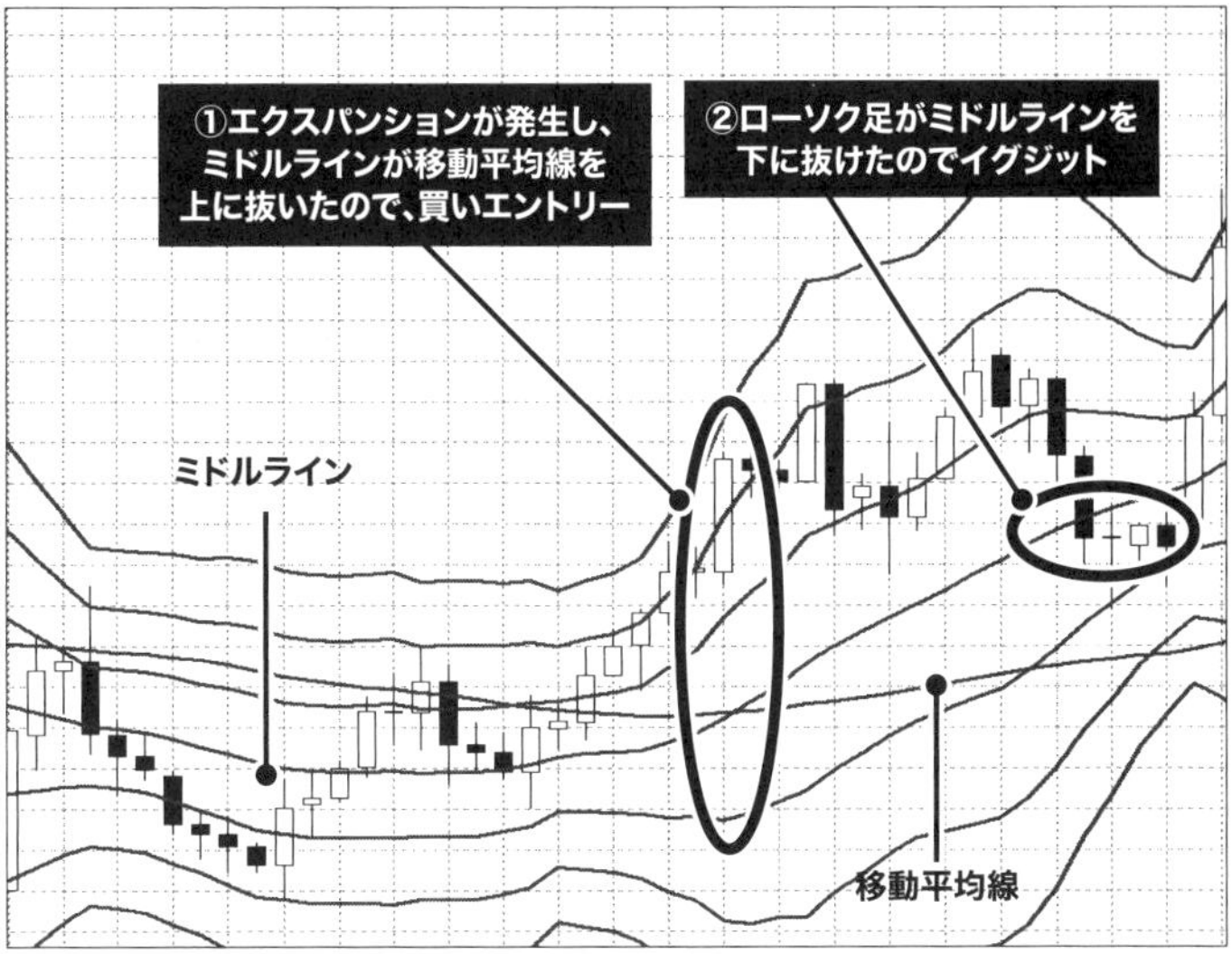

ローソク足が反転し、ミドルラインを下に抜けたのでイグジットする。

トレンドの勢いが強いときはバンドウォークを狙う

05

バンドウォーク発生もエントリーのチャンス

私のエントリーのポイント

トレンドの勢いが強く、エクスパンションが発生するまえにミドルラインと移動平均線がクロスしてしまった場合は、バンドウォークが発生したタイミングでエントリーをします。

田所博美さん

バンドウォーク発生でエントリー

トレンドの勢いが非常に強いときは、エクスパンションが発生する前にミドルラインと移動平均線がすでにクロスしていて、エントリーできないことがあります。そんなときは、ローソク足がσラインに張り付く、バンドウォークを狙ってエントリーします。

たとえば、上昇トレンド中にエクスパンションが発生したものの、すでにミドルラインが移動平均線を上に抜けたときは、プラス1σやプラス2σ、プラス3σでローソク足が2〜3本連続で張り付いているのを確認したらバンドウォークと判断して、買いエントリーします。

この場合のイグジットのタイミングは162ページや166ページで紹介した方法と同じです。

また、このエントリー方法はリスクが高いです。エントリーした直後にローソク足が反転することもあるため、勝率自体はあまり高くありません。一方、うまくいった場合の利益は大きいので、ハイリスクハイリターンの手法といえます。

田所さん自身も年間の収益が大きくプラスだったときのみ、狙うようにしていると言います。資金に余裕があるときに限り、挑戦するといいでしょう。

売りサイン
エクスパンション発生後、マイナス1σ、マイナス2σ、マイナス3σのいずれかのラインでバンドウォークが発生したタイミング

買いサイン
エクスパンション発生後、プラス1σ、プラス2σ、プラス3σのいずれかのラインでバンドウォークが発生したタイミング

バンドウォークを狙ったエントリー

買いの場合

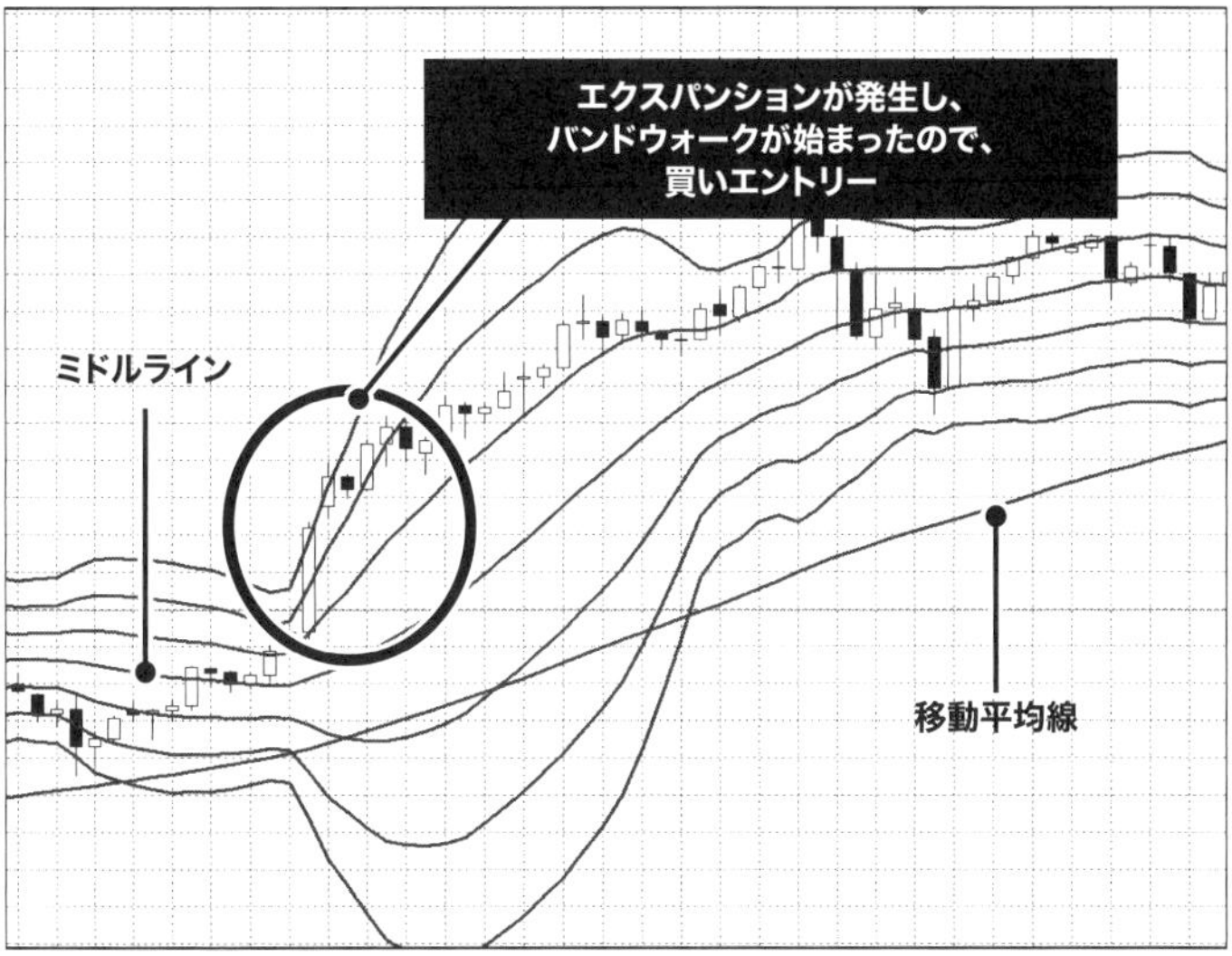
エクスパンションが発生し、
バンドウォークが始まったので、
買いエントリー
ミドルライン
移動平均線

すでにミドルラインが移動平均線の上にある状態のときに、エクスパンションが発生し、バンドウォークが始まったので買いエントリーする。

ローソク足が数本
張り付いたら
エントリーします

ファンダメンタルズの影響が強いときはトレードしない

06
トレードをするのはテクニカルが通用する相場のみ

私のトレードのポイント

経済的、政治的要因や災害、主要国の選挙などの影響で相場が動いているときは、テクニカル指標が通用しないのでトレードしません。これらの要因の影響が小さくなるまでトレードは休みます。

テクニカルが機能しないときはトレードしない

田所さんには、トレードをしない期間があります。それは、テクニカル指標が通用しない相場になったときです。

わかりやすい例でいうと２００８年に発生したリーマンショックのときは、テクニカル指標が通用しない相場です。

このような○○ショックなどのような経済的、政治的要因や災害などで相場が動いているようなときはテクニカル指標が機能していないため、トレードをしません。

ただし、トレードをしないのは長くても2カ月程度です。2カ月もすれば、そういったニュースの影響が相場に与える影響は小さくなり、テクニカル指標もそれらの動きを含めたものになるため、テクニカル指標が機能するようになってきます。

直近でいえば、新型コロナウイルス感染症によるコロナショックも一時的には大きな動きをしましたが、新型コロナウイルスの問題は解決していないにもかかわらず、すぐに相場は落ち着きを取り戻しました。

実際当時のチャート（177ページのチャート）を見るとわかりますが、報道が大きくなっていった2月以降、大きな振り幅で動いていましたが、それもだいたい1カ月半程度で相場は落ち着きを取り戻しています。

テクニカル指標が通用しなくなる相場を見極めるためにも、日々のニュースなどはチェックしたほうがいいでしょう。

コロナショック時の動き

2020年2月～4月の米ドル／日本円の日足チャート

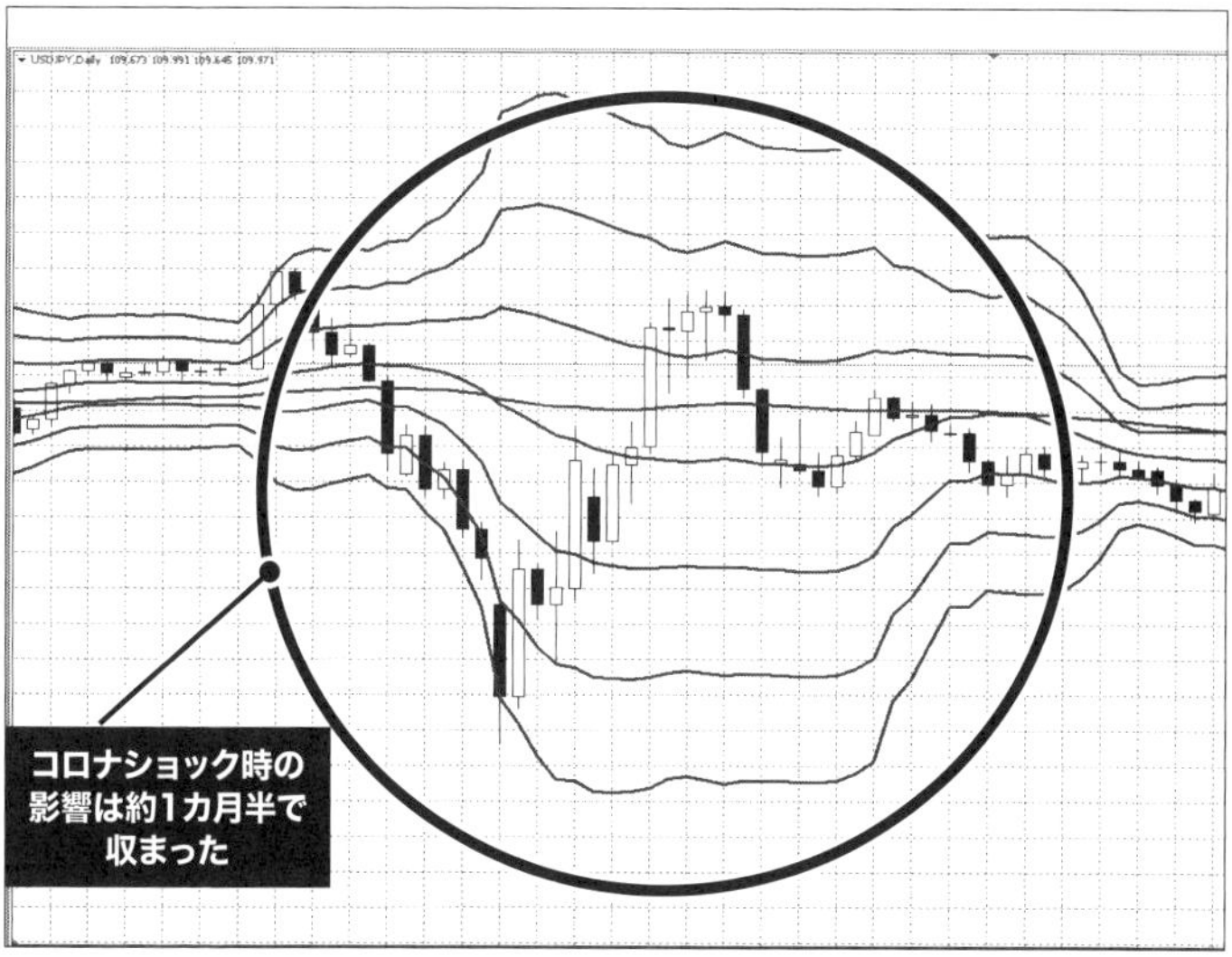
コロナショック時の
影響は約1カ月半で
収まった

コロナショック発生直後は、テクニカル指標を無視する動きをしたものの、その後は落ち着いた相場に移行した。

テクニカル指標で
分析できない相場は
トレードしません

01 近藤毅さんの手法

私のトレードのポイント

ボリバンとふたつのオシレーターを使ったトレード手法です。ボリバンとＡＤＸを併用した投資手法と、ボリバンとＣＣＩを併用した投資手法のふたつでトレードをします。

ボリバンとADX、CCIを使う

近藤毅さんの投資手法は、ボリバンとADXを使った手法とボリバンとCCIを使った手法の2種類があります。

まずは、ボリバンとADXの手法から説明していきます。ADXはADXとプラスDI、マイナスDIの3本のラインで構成され、トレンドの方向性と強さを分析するテクニカル指標です。

使用するテクニカル指標の設定は次のようになります。

ボリバン
参照期間「21」
σライン「±1σ」「±2σ」「±3σ」
ADX
参照期間「14」
ローソク足

「4時間足」「日足」「週足」

使用している通貨ペアは米ドル／日本円やユーロ／日本円、英ポンド／日本円がメインです。

また、詳しくは182ページ以降で解説しますが、「週足」チャートはトレンドを確認するためだけに使い、実際のトレードで利用するのは「日足」か「4時間足」です。

近藤毅さん

近藤さんのチャート画面

ボリバンとADXを表示する

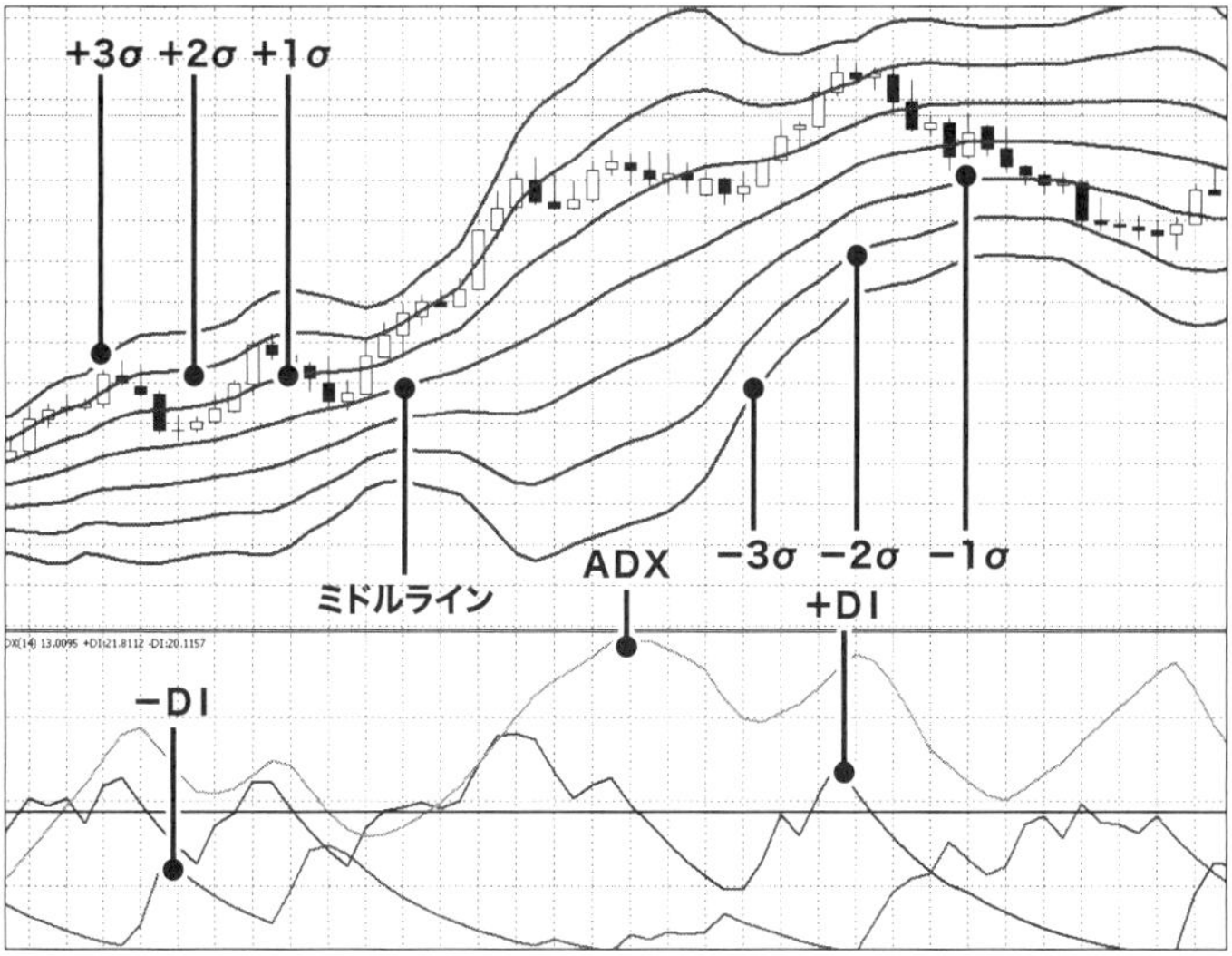

ボリバンとＡＤＸを表示する。

02

ADXの動きでエントリー判断

私のエントリーのポイント

週足でトレンドを確認し、日足や4時間足でエクスパンションが発生しているタイミングで、ADXでトレンド発生のサインが出ていればエントリーします。

週足でトレンドを確認する

エントリー前に、トレンドを確認します。トレンドを確認するときは週足のチャートを使います。

トレンドを確認するときは、テクニカルなどは使わずにローソク足の動きを見て全体的に上昇していれば上昇トレンド、下降していれば下降トレンドと判断します。上昇トレンドなら買いエントリー、下降トレンドなら売りエントリーを狙います。

エクスパンション発生中のADXの動きでエントリー判断

具体的なエントリーのタイミングは日足か4時間足でエクスパンションの発生時にADXのプラスDIとマイナスDIの位置関係で判断します。

プラスDIがマイナスDIの上にあるときは上昇トレンドが強いことを意味するので買いエントリー、プラスDIがマイナスDIの下にあるときは下降トレンドの勢いが強いことを意味するので売りエントリーします。

エクスパンション発生時に週足と同じ方向の売買サインが出ていない場合は、エントリーせずに様子見をします。σラインが閉じ始める前にプラスDIとマイナスDIがクロスしたらエントリーします。

売りサイン
下降トレンド中に、エクスパンションが発生し、プラスDIがマイナスDIの下にあるとき

買いサイン
上昇トレンド中に、エクスパンションが発生し、プラスDIがマイナスDIの上にあるとき

エクスパンションでエントリー

買いエントリーの場合

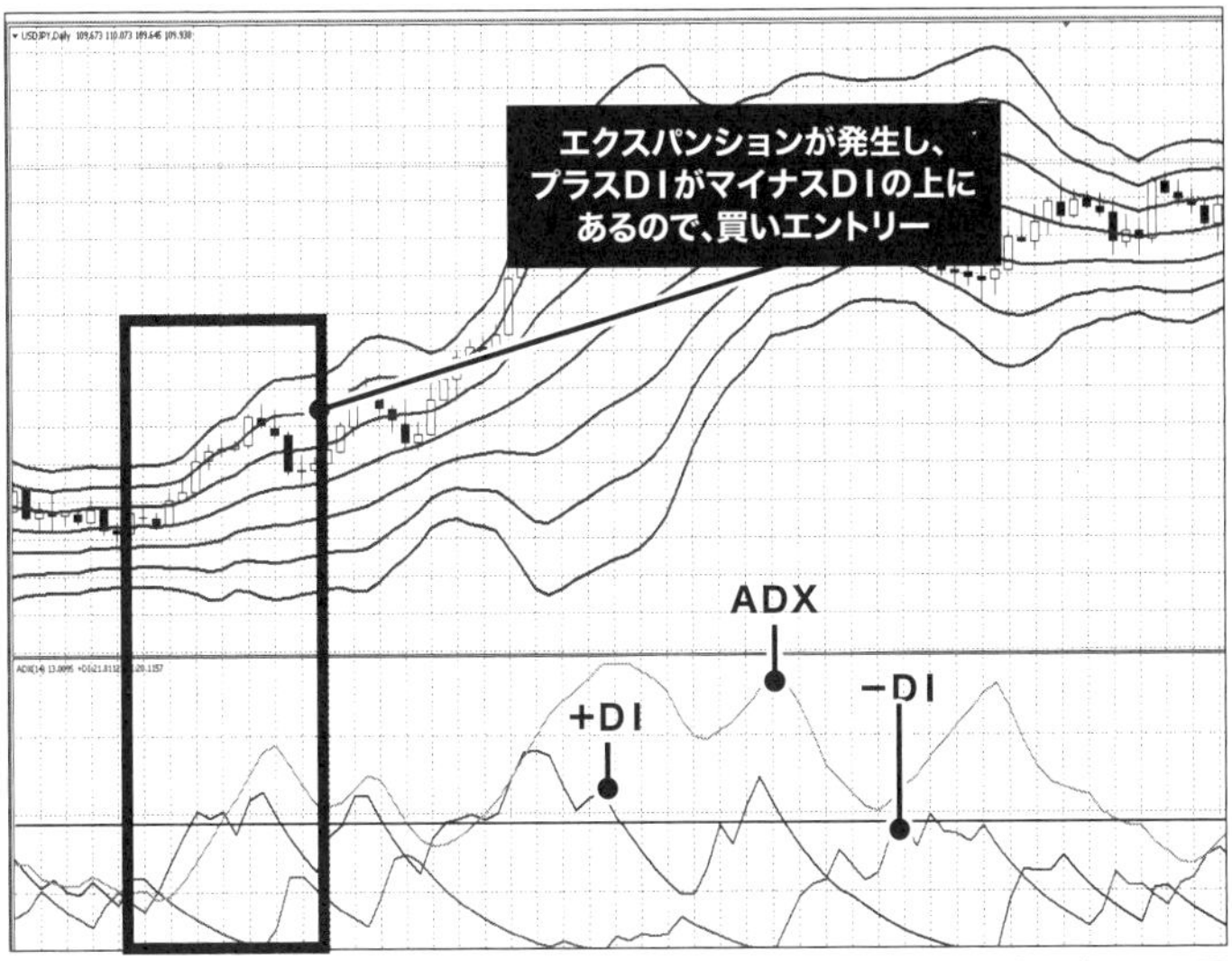
エクスパンションが発生し、
プラスDIがマイナスDIの上に
あるので、買いエントリー
ADX
+DI
−DI

エクスパンションが発生したタイミングで、プラス DI がマイナス DI の上にあるので買いエントリーする。

エクスパンションと
ADXのサインが同時に
発生したらエントリー

03

スクイーズが発生するかＡＤＸの勢いが落ちたらイグジット

トレンドが弱まったらイグジット

私のイグジットのポイント

スクイーズが発生したり、ＡＤＸが30以下になったりしたらトレンドが弱まったと判断して、イグジットします。

スクイーズが発生したらイグジット

イグジットはスクイーズが発生したタイミングで行います。

スクイーズが発生したかどうかの判断はσラインの動きとADXの3本のラインから判断します。

σラインの収縮とADXの3本のラインの収縮が始まったら、スクイーズが発生したと判断してイグジットします。

σラインとADXのどちらか片方だけが収縮した場合は様子見し、両方が収縮するまで待ちます。

ADXの動きでイグジット判断

ボリバンやADXの動きがはっきりせず、イグジットの判断が難しい場合は、ADXラインの動きでイグジットの判断をします。

ボリバンでスクイーズが発生する前に、ローソク足の動きが鈍くなり、トレンドが終了することがあります。この判断をするためにADXのラインに注目しま

イグジットのタイミング①

スクイーズが発生したらイグジット

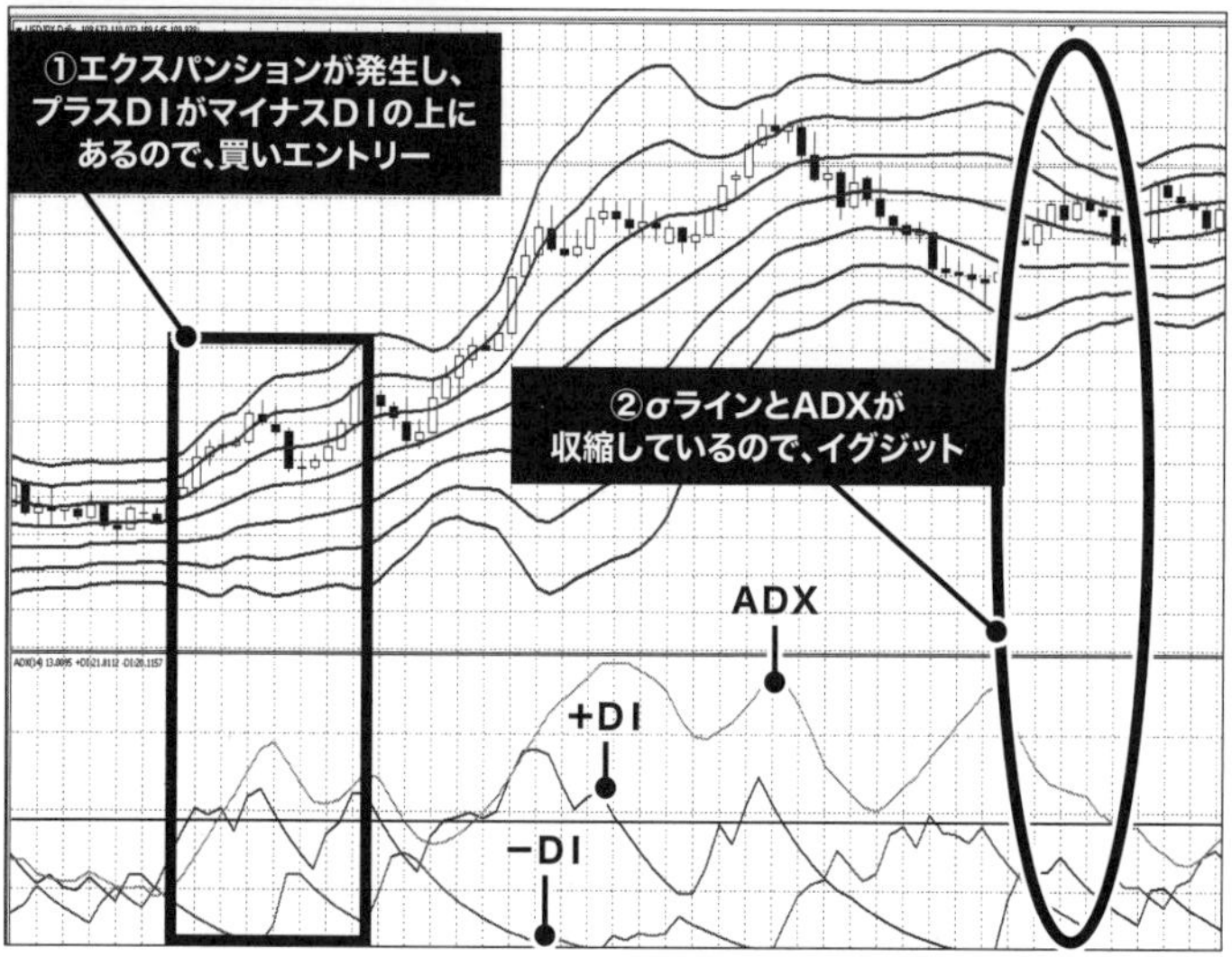
①エクスパンションが発生し、
プラスDIがマイナスDIの上に
あるので、買いエントリー
②σラインとADXが
収縮しているので、イグジット
ADX
+DI
−DI

エントリー後、σラインと ADX の３つのラインが収縮しはじめているので、イグジットする。

す。ADXラインが30以下になったときは、トレンドが弱まっていることを意味するので、このタイミングでイグジットします。

イグジットのタイミング②

ADXが30以下になったらイグジット

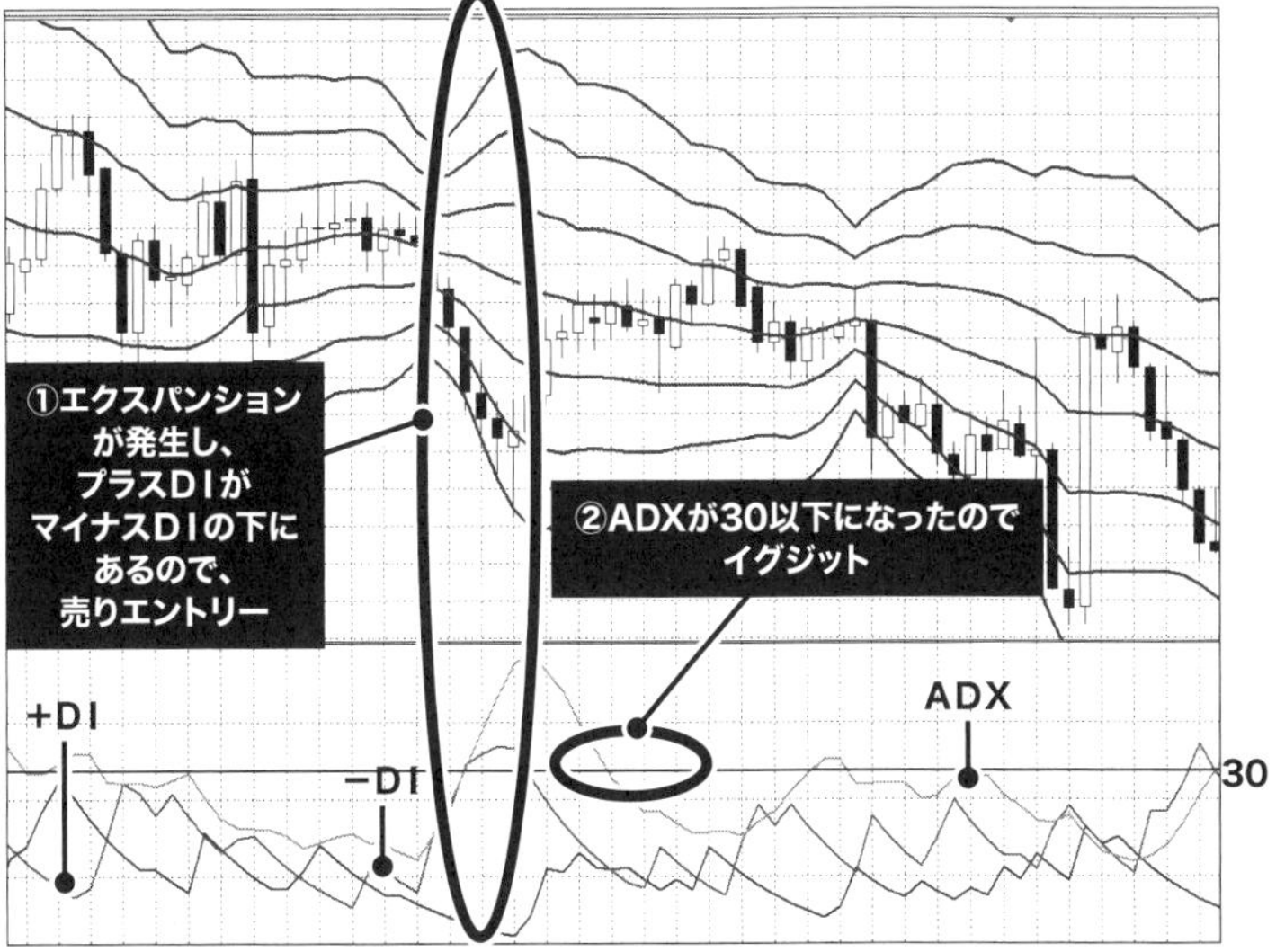
①エクスパンション
が発生し、
プラスDIが
マイナスDIの下に
あるので、
売りエントリー
②ADXが30以下になったので
イグジット
+DI
−DI
ADX
30

エントリー後、ADX が 30 以下になったので、イグジット。

ADXは
トレンドの勢いを
示しています

04

プラスDIとマイナスDIのクロスはトレンド転換のサイン

私のイグジットのポイント

プラスDIとマイナスDIのクロスはトレンド転換のサインです。そのため、ポジションを保有している場合は即イグジットします。また、ADXでサインが出る前にローソク足が急激に動いた場合もイグジットします。

プラスDIとマイナスDIのクロスは即イグジット

ポジション保有中にプラスDIとマイナスDIがクロスしたらトレンド転換の可能性があるため、イグジットします。

買い（売り）ポジション保有している場合は、プラスDIとマイナスDIがクロスしながら、マイナス（プラス）DIが上昇したらイグジットします。

ただし、ADXの特性上、ローソク足1本分の期間だけクロスすることもあります。この場合はダマシなので、ポジション保有を継続します。

サインが出ていなくても、含み損が膨らんだらイグジット

ローソク足が急激に変動した場合、プラスDIとマイナスDIによる判断を待っていると含み損が大きくなってしまうことがあります。

そのため、ローソク足が大きく反転した場合は含み損が膨らむ前にイグジットします。テクニカルを重視してトレードを行うことも大事ですが、相場に異変が起きたときは、テクニカルを気にせずイグジットすることも重要です。

目安としては買い（売り）エントリーの場合は、エントリーしたときのローソク足の高値（安値）を超えたらトレードに失敗したと判断して、イグジットしています。

トレード失敗のタイミング

プラスDIとマイナスDIがクロスしたらイグジット

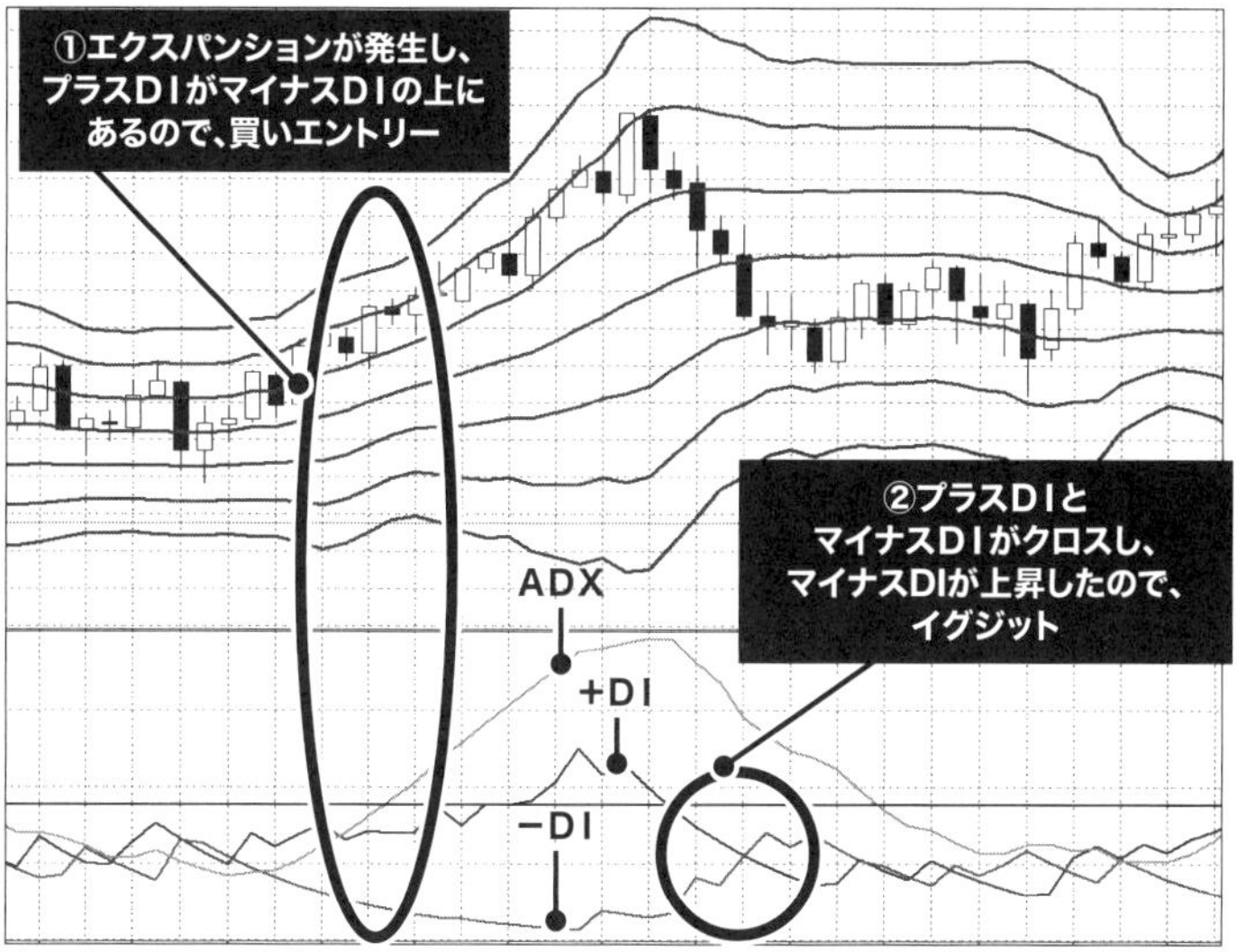
①エクスパンションが発生し、
プラスDIがマイナスDIの上にあるので、買いエントリー
ADX
+DI
−DI
②プラスDIとマイナスDIがクロスし、マイナスDIが上昇したので、イグジット

プラスDIとマイナスDIがクロスしたらトレンド転換の可能性が高いので、イグジットする。

この場合は、基本的に失敗トレードになりやすいです

05

CCIとローソク足の動きでエントリーを判断

私のエントリーのポイント

CCIが±100を突き抜けたタイミングで、ボリバンのミドルラインや±1σをローソク足が突き抜けたらエントリーします。

CCIとボリバンでエントリー

ボリバンとCCIを組みあわせたトレードでは、以下のようなテクニカル指標の設定を行います。

ボリバン

参照期間「21」

σライン「±1σ」「±2σ」「±3σ」

CCI

参照期間「14」

ローソク足

「4時間足」「日足」「週足」

CCIとは売られすぎ、買われすぎを判断するテクニカル指標です。ボリバンとCCIを使ったトレードでは、ふたつの条件を満たしたときにエントリーを行います。ＡＤＸによるトレードと同様にトレンドを確認してから行います。

買いの場合でのひとつめの条件はＣＣＩが１００を上抜けること。ふたつめの条件はＣＣＩの条件を満たしたのと同じタイミングか、少しあとにローソク足がミドルラインかプラス１σを上抜けたタイミングでエントリーします。

売りの場合はＣＣＩがマイナス１００を下抜けたタイミングか、少しあとにローソク足がミドルラインかマイナス１σを下抜けたタイミングでエントリーします。

売りサイン

ＣＣＩがマイナス１００以下のときに、ローソク足がミドルラインかマイナス１σを下抜けたとき

買いサイン

ＣＣＩが１００以上のときに、ローソク足がミドルラインかプラス１σを上抜けたとき

CCIとボリバンを使ったエントリー

買いの場合

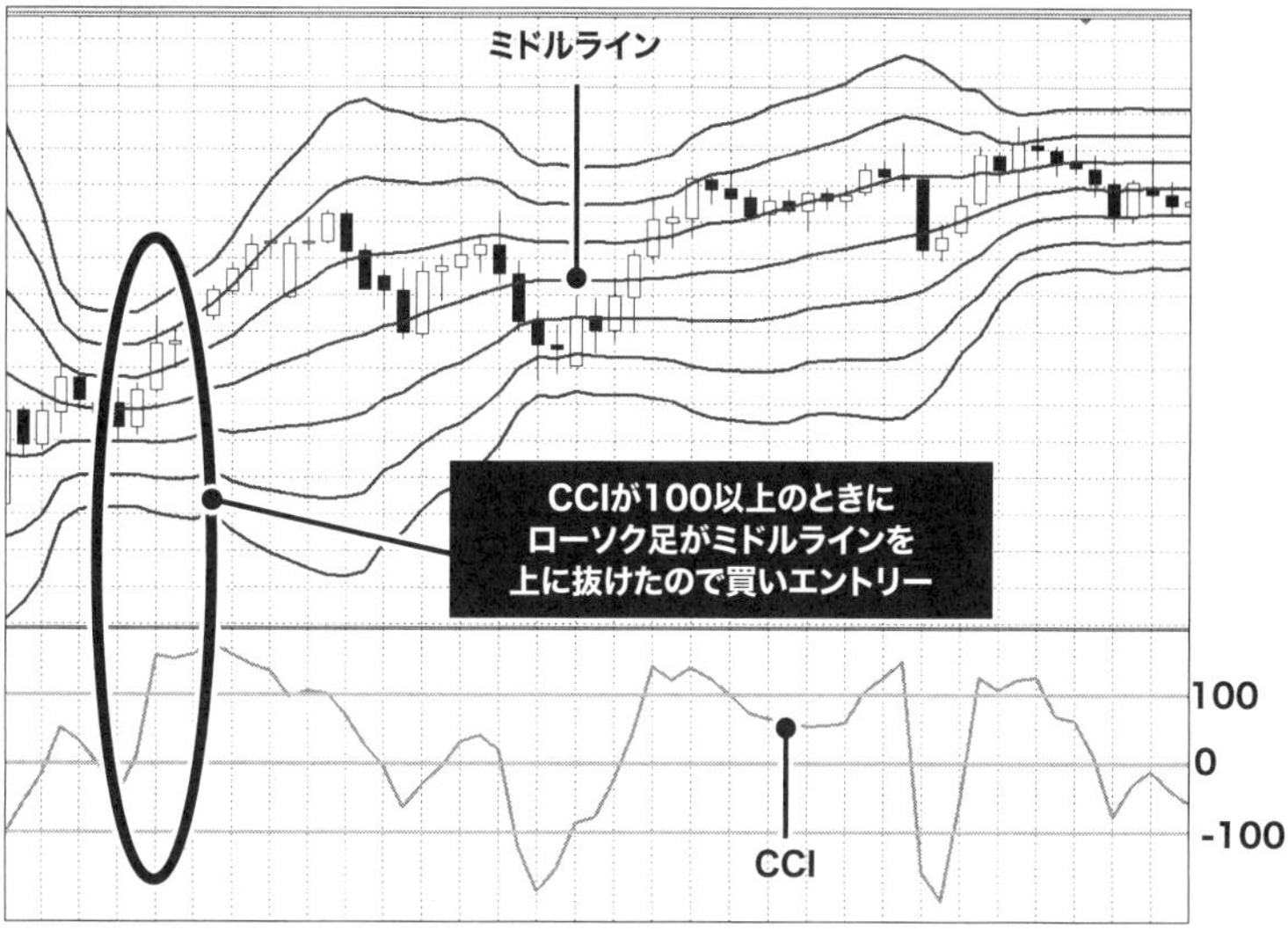
ミドルライン
CCIが100以上のときに
ローソク足がミドルラインを
上に抜けたので買いエントリー
100
0
-100
CCI

CCI が 100 以上のときに、ローソク足がミドルラインを上に抜けた状態で確定したので、買いエントリーする。

CCIのサインとローソク足のサインが出たらエントリーします

ＣＣＩが０ラインを突き抜けたらイグジット

06

ＣＣＩの動きや±３σでイグジットを判断する

私のイグジットのポイント

ローソク足が±３σで反発したり、ＣＣＩが０ラインを突き抜けたらイグジットします。どちらもトレンドが反転したり、弱くなるサインなので、ポジションを保有し続けると利益が減ってしまいます。

近藤毅さん

▼±3σで反発したらイグジット

利食いのタイミングはふたつあります。

ひとつめは、買い（売り）の場合はプラス3σ（マイナス3σ）でローソク足が反発したときです。

±3σまでローソク足が推移している場合は、含み益も十分とれているので、あまり欲張らずに反発した時点でイグジットします。

基本的にはローソク足が確定した時点でイグジットしますが、±3σで反発したローソク足が確定する前に±2σにタッチした際は、確定する前にイグジットします。

▼CCIが0ラインまで戻ったらイグジット

ふたつめの利食いの基準は、買い（売り）の場合はCCIが0を下回った（上回った）タイミングです。

ローソク足が±3σにタッチする前に反転したときはこちらの基準でイグ

イグジットのタイミング①

±3σで反転したらイグジット

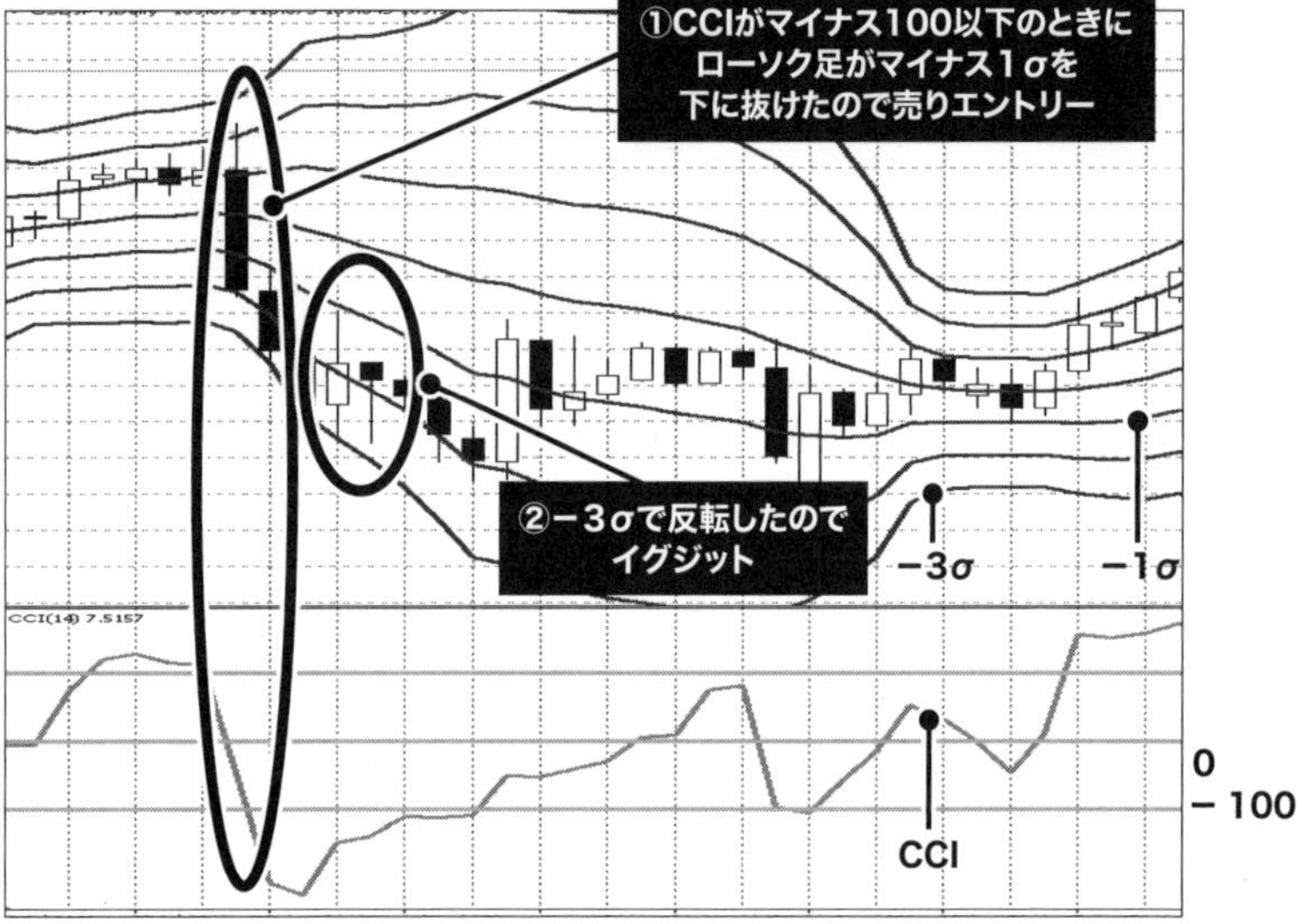

①CCIがマイナス100以下のときに
ローソク足がマイナス1σを
下に抜けたので売りエントリー
②−3σで反転したので
イグジット
−3σ
−1σ
CCI(14) 7.5157
0
−100
CCI

エントリー後マイナス３σで反転したのでイグジットする。

ジットすることになります。トレンドの勢いが弱い場合は、含み益が出る前にイグジットするので、失敗トレードになることもあります。

イグジットのタイミング②

CCIが0以下になったらイグジット

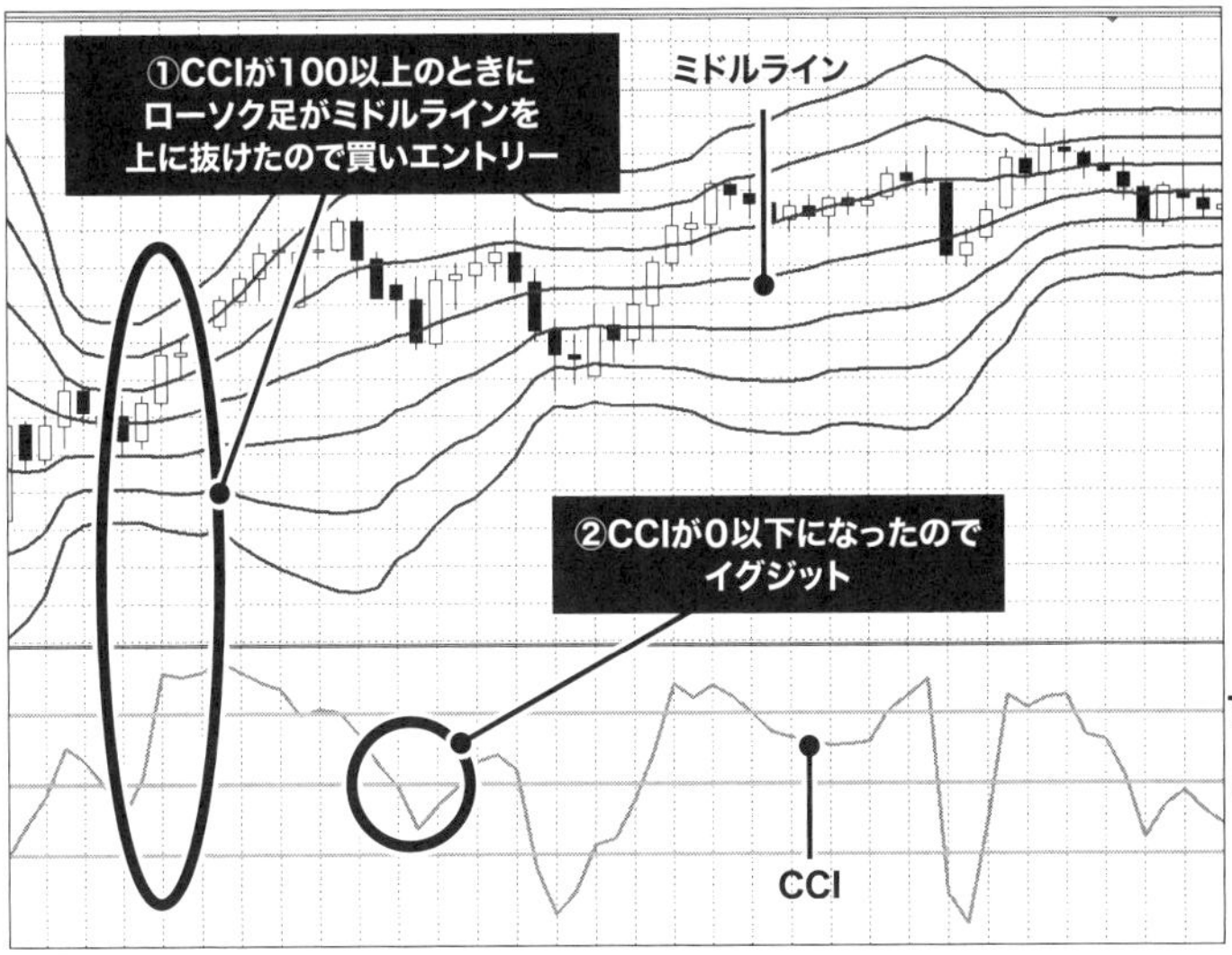
①CCIが100以上のときに
ローソク足がミドルラインを
上に抜けたので買いエントリー
ミドルライン
②CCIが0以下になったので
イグジット
100
0
CCI

エントリー後、CCI が 0 以下になったので、イグジットする。

イグジット後、
再びエントリーサインが
出る可能性もあります

07

ローソク足がラインまで反転したらトレード失敗

私のイグジットのポイント

ローソク足がエントリーに利用したラインまで反転したらイグジットします。また、イグジットのサインが出ていなくても、ローソク足が大きく反転したら、自分の判断でイグジットをします。

エントリーしたラインまで戻ったらイグジット

CCIを使ったトレードに失敗したと判断してイグジットする基準はエントリー直後にローソク足が反転したときです。

反転したかどうかの判断基準はエントリーに利用したラインで決まります。ローソク足がミドルラインを上回ったことを理由に買いエントリーした場合は、ローソク足がミドルラインまで戻ったらイグジットします。このとき注意したいのは、ローソク足が確定するまで待つことです。ローソク足の実体がラインを下回ったり、上回ったりしたらローソク足が反転したと判断してイグジットします。

ローソク足が極端な動きをしたらイグジット

ただし、極端にローソク足が反転した場合はローソク足が確定する前にイグジットします。たとえば、それまでのローソク足の動きと比べて極端に動きの幅が大きかったり、複数のラインを一気に突き抜けたりするような動きをした場合がそれになります。ローソク足が確定するまで待っていたら大損をしてしまいます。

あまりにローソク足が極端な動きをした場合は、トレードルールを無視してかまわないので、自分の判断でイグジットするようにしましょう。

トレード失敗の判断

エントリーに使用したラインまで戻ったらイグジット

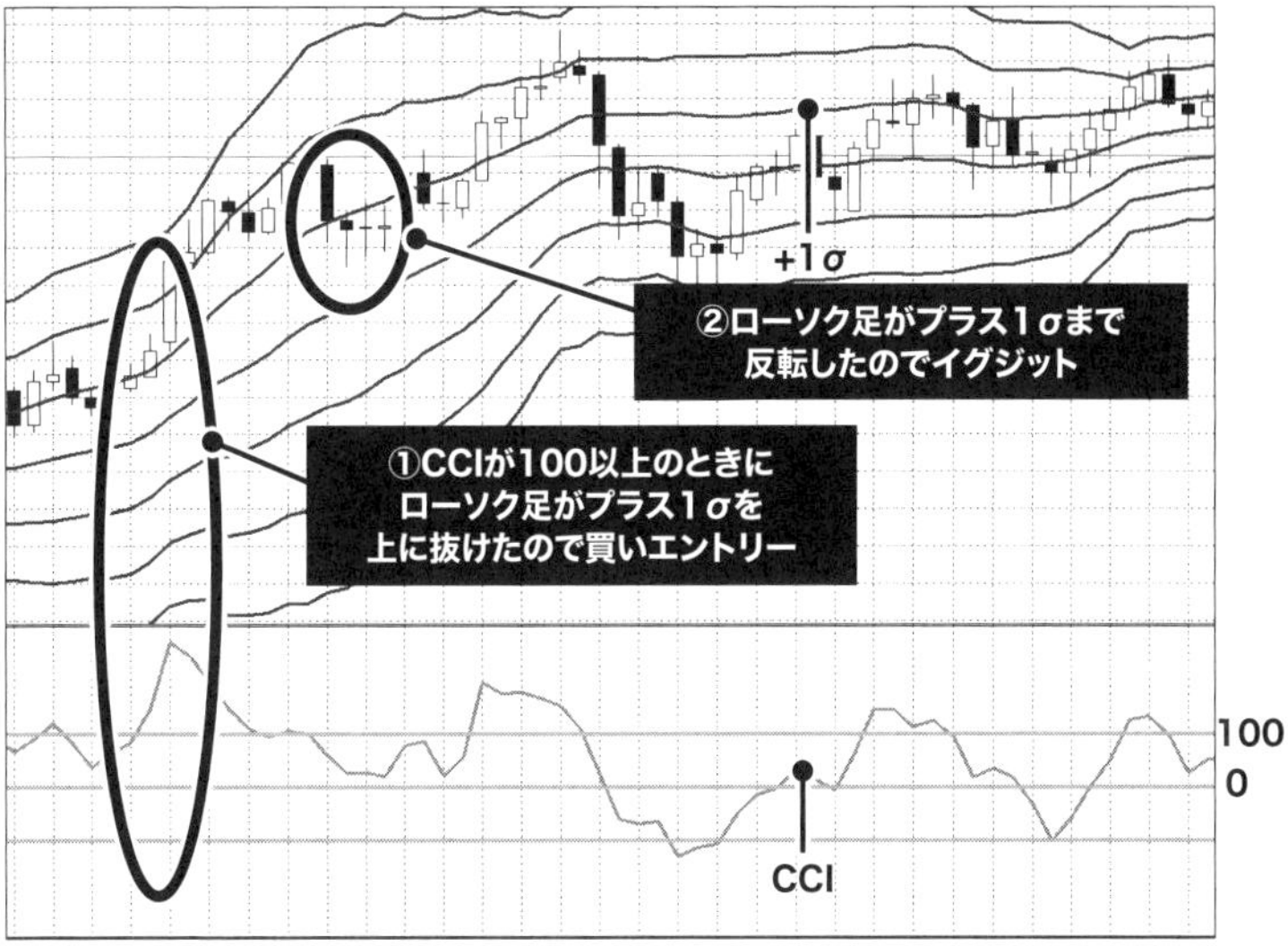
+1σ
②ローソク足がプラス１σまで
反転したのでイグジット
①CCIが100以上のときに
ローソク足がプラス１σを
上に抜けたので買いエントリー
100
0
CCI

エントリー後、エントリーに利用したプラス１σまでローソク足が戻ったので、イグジット

トレードとしては
失敗ですが利益が
得られることもあります

第4章

シチュエーション別パターン分析

ボリバンを使って稼ぐ人は手法をどのようにして使い、状況を判断しているのか、相場が大きく動いているときや相場の動きが鈍いときなど、12パターンのシチュエーションでどのようなトレードをしたのか解説します。

01

日米の金利差が広がり円安に

2019年に入ってから、FRB（連邦準備制度理事会）の積極的な利下げや金融緩和を受けて、米長期金利は19年1月の2・633％から12月までに1・512％と急速に低下していました。さらに、2020年に入るとコロナショックの影響で米景気は落ち込み、それにともない米長期金利も0・533％まで低下していきました。

しかし、2020年中ごろから米景気がコロナショックから立ち直り、米長期金利は上昇を始めます。2021年2月に入ると、日米の金利差が広がったことにより、ドルが買われ円が売られる状況が続き、円安の動きが強まりました。

※利率の数字は、各月の1日付の数字。

2021年1月〜2021年5月

米ドル/日本円の日足チャート

日米の金利差拡大により円安に

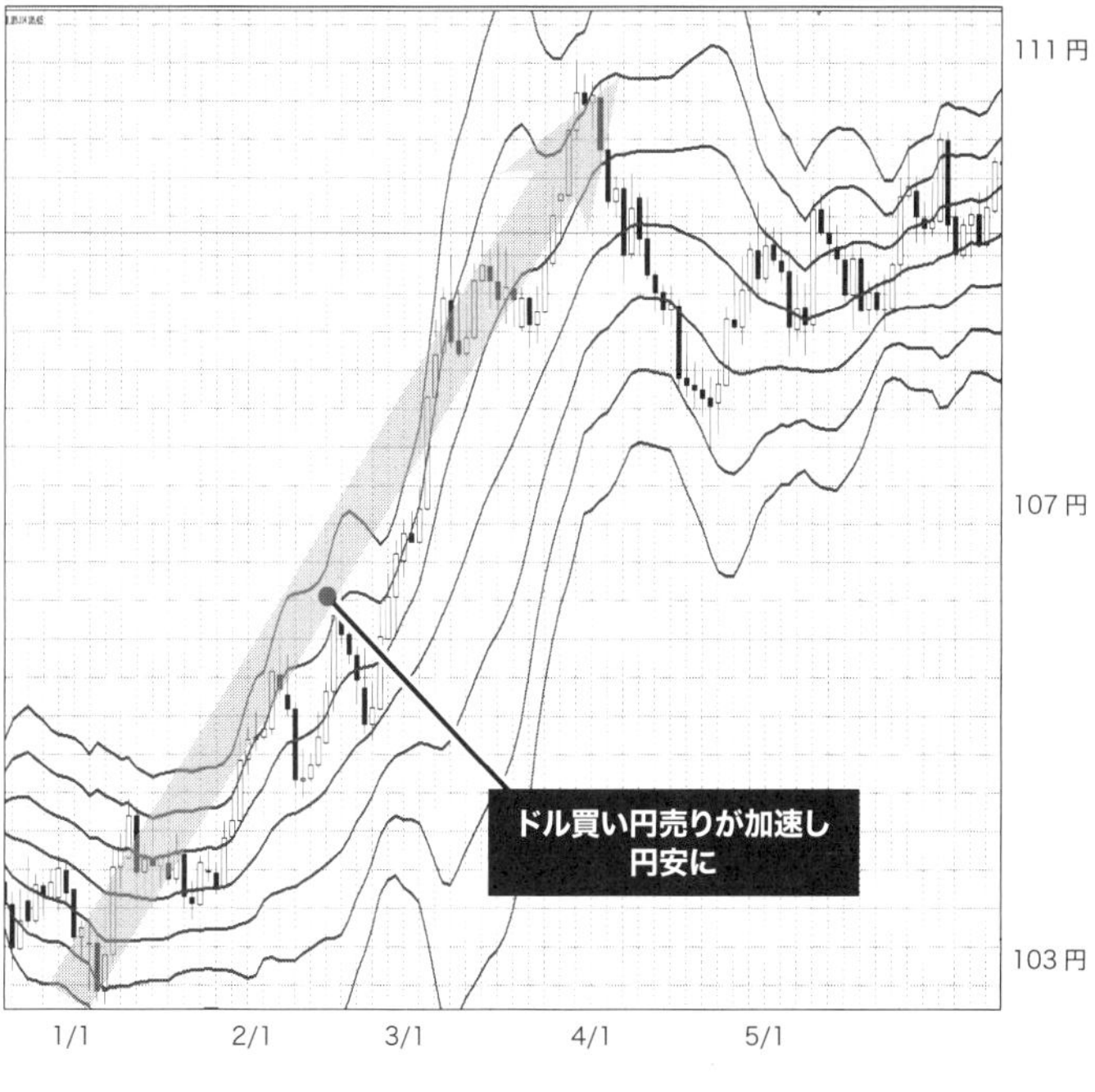

- 米国がコロナショックから立ち直り長期金利が上昇した
- 日米の金利差が広がったことでドル買い円売りが続き、円安になった

高田さんの考え方

1. MACDがシグナルを上に抜いたので買いエントリー
2. MACDがシグナルを下に抜いたのでイグジット
3. エントリー直後にローソク足が反転したのでイグジット

1回目と3回目のトレードは利益を得ましたが、2回目と4回目のトレードはローソク足がエントリー直後に反転し、失敗トレードになりました。しかし、トータルでは大きな利益を獲得することができています。

まとめ

何度かエントリーチャンスがあり、トータルでは利益を得ることができた。

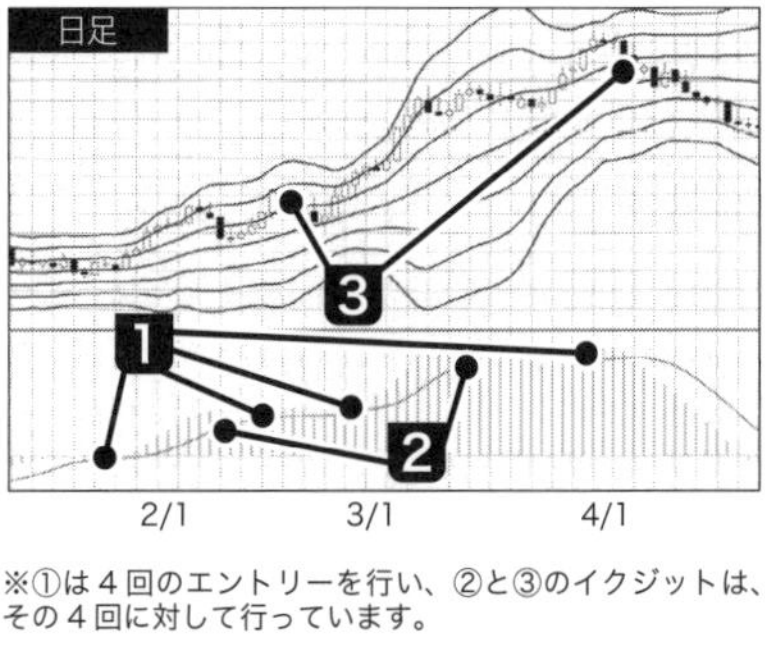
日足
1
2
3
2/1
3/1
4/1

※①は4回のエントリーを行い、②と③のイグジットは、その4回に対して行っています。

大きな値動きのときはチャンスになることが多いですね

真田さんの考え方

1. エクスパンションが発生したので買いエントリー
2. バンドウォークが発生したので買い増し
3. スクイーズが発生したのでイグジット

2月に入ったのと同時にエクスパンションが発生したので買いエントリーしました。エントリー後、2回バンドウォークが発生したので買い増しを行っています。イグジットまでの間にボリバンがスクイーズの動きを見せましたがローソク足が上昇を続けていたので、判断まで様子見の時間がありました。

まとめ

トレンドの始まりから終わりまでの間を綺麗にとれた理想的なトレードでした。

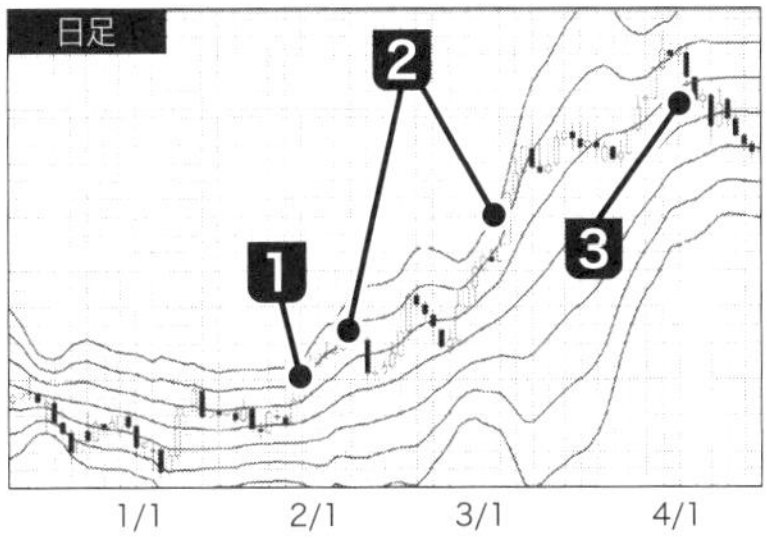

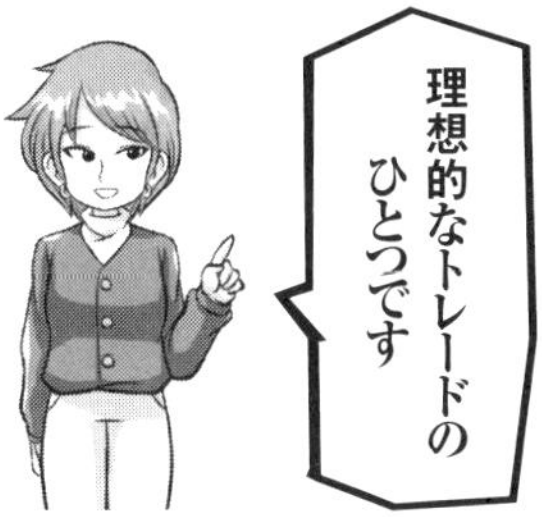

02

コロナショックで激しく円高と円安に

2020年は新型コロナウイルス感染症の拡大により、相場は大きく変化しました（コロナショック）。当初はコロナの影響でドル需要が高まり、2月中盤から3月前半にかけて大きく円高に向かいました。その後、FRBが緊急利下げと無制限資産購入を実施したため、3月後半までは円安に動きました。

その後、4月中ごろには、相場は落ち着いたものの、米国の感染再拡大やFRBの緩和長期化、大統領選の混乱による政治懸念などが円高要因となり、7月以降はじわりじわりと円高に動いていきました。

2020年2月〜2020年12月

米ドル/日本円の日足チャート

新型コロナウイルスの影響で大きく相場が動いた

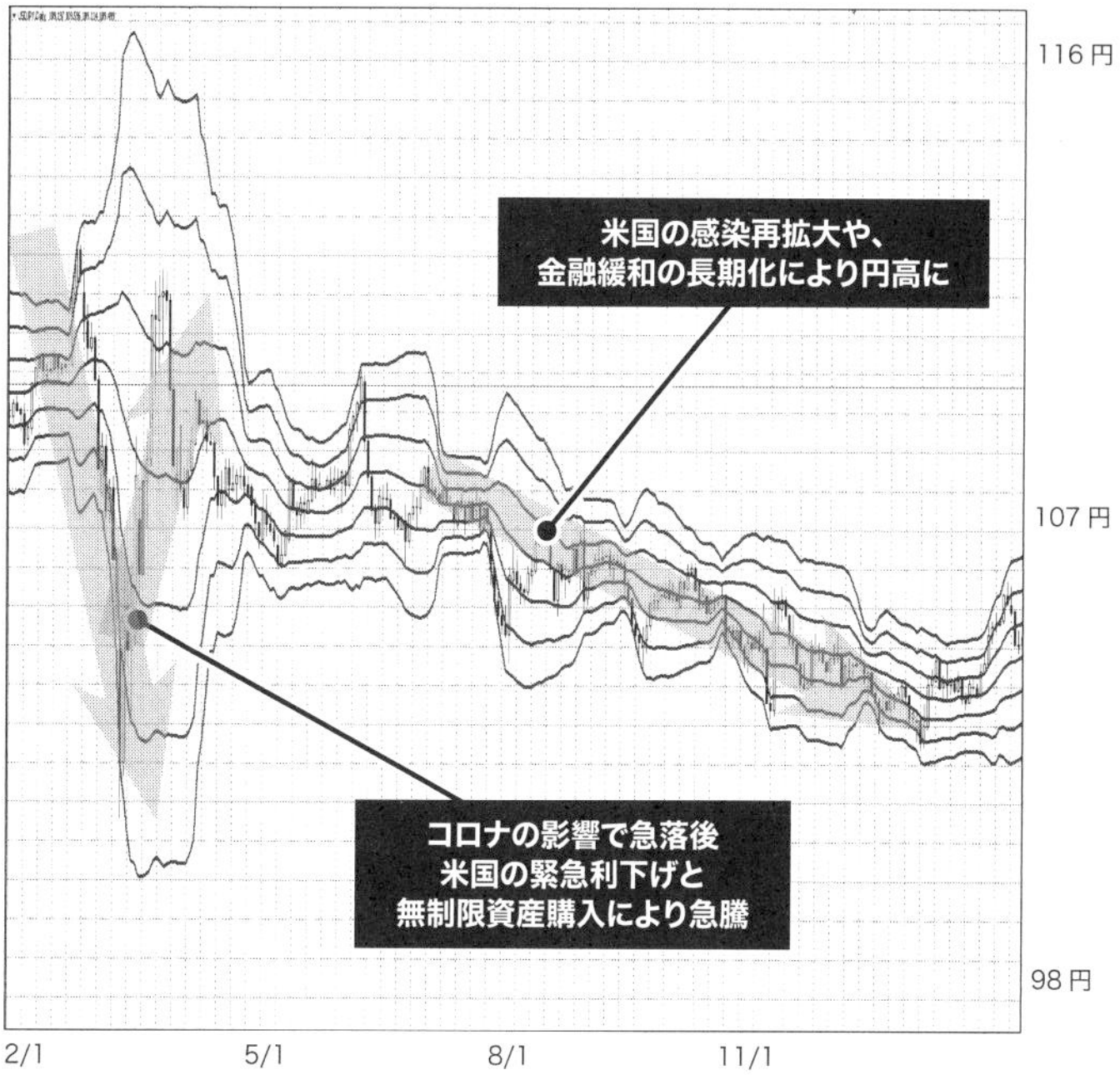
116円
107円
98円
米国の感染再拡大や、
金融緩和の長期化により円高に
コロナの影響で急落後
米国の緊急利下げと
無制限資産購入により急騰
2/1
5/1
8/1
11/1

- 新型コロナウイルスの影響で急落後、米国の利下げなどもあって急騰

- 米国の感染再拡大や金融緩和長期化、政治懸念などの影響で円高に

工藤さんの考え方

❶ ローソク足がマイナス2σを下に抜けたので売りエントリー

❷ ローソク足がマイナス3σにタッチしたがエクスパンションが発生中なので様子見

❸ ローソク足が反転したのでイグジット

コロナショック時は移動平均線に傾きがなかったこともあり、トレードはしませんでした。その後、相場が落ち着き、明確な下落トレンドが発生したタイミングでエントリーサインが出たのでトレードし、利益を獲得できました。

まとめ

明確な下落トレンドが出たことでトレードしやすい環境だった。

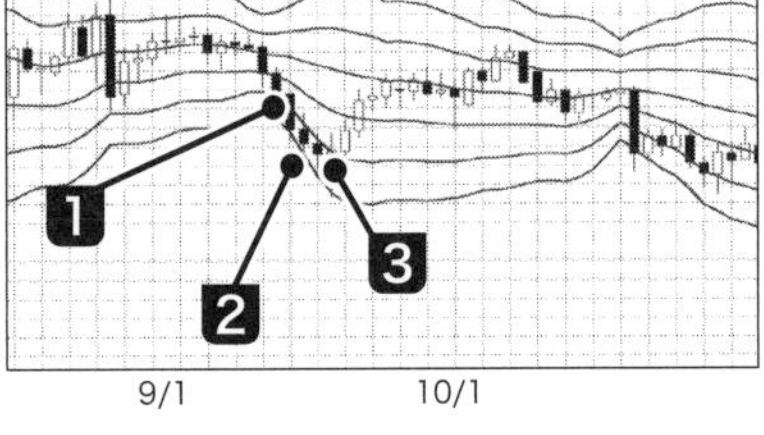

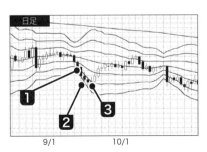

向井さんの考え方

1. エクスパンションの発生時にローソク足が雲の下にあるので売りエントリー
2. ローソク足が一気に上昇しているのでイグジット

エクスパンション発生時に雲の下にローソク足があったので売りエントリーをしました。その後、一気にローソク足が上昇し、ボリバンも若干スクイーズの動きを見せていたので、イグジットしました。この後も似たような展開が多く、多少の利益は出ていたものの、手法と相場の動きがミスマッチでした。

まとめ

利益は得られたものの、手法と相場が合っていなかった。

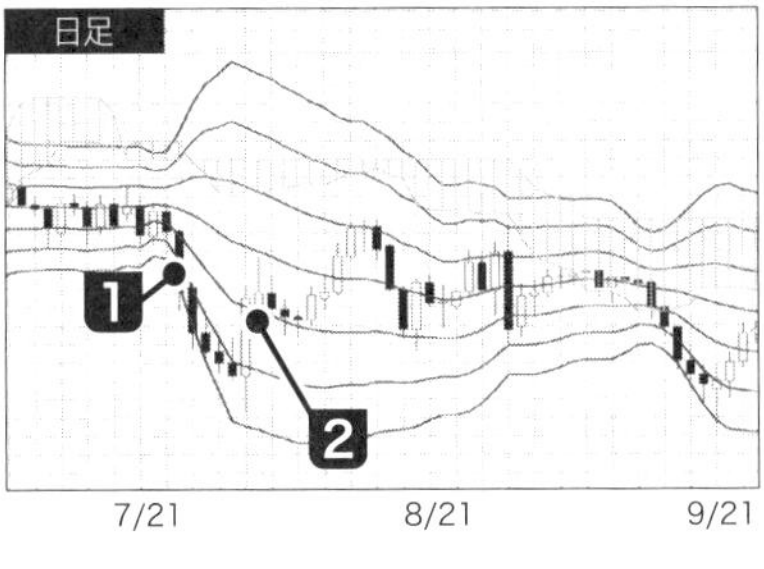

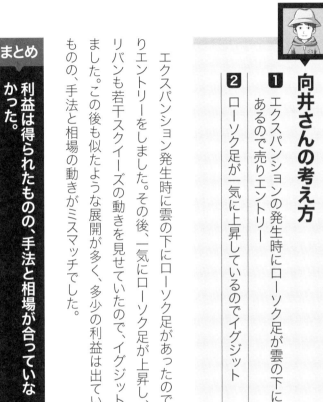

イランの報復攻撃の影響で円高相場に

03

イランショックからコロナウイルス発生までの動き

２０２０年1月3日にイラン革命防衛隊のソレイマニ司令官がトランプ大統領の命令で殺害されました。その報復として1月8日にイランが米軍駐留基地を攻撃したことによって米ドル／日本円はわずか4時間ほどで１０８円台から１０７円台まで下落しました。この一連の動きを「イランショック」と呼びます。

その後、徐々に円安方向に動きを変え、米中が通商協議の第1段階で合意すると17日には１１０円台にまで上昇しました。

しかし、中国で発生した新型コロナウイルス感染症が世界に広がり始めたため、１１０円を高値として再びドル安へと押し戻されていきました。

2020年1月

米ドル/日本円の4時間足チャート

イランショック後の動き

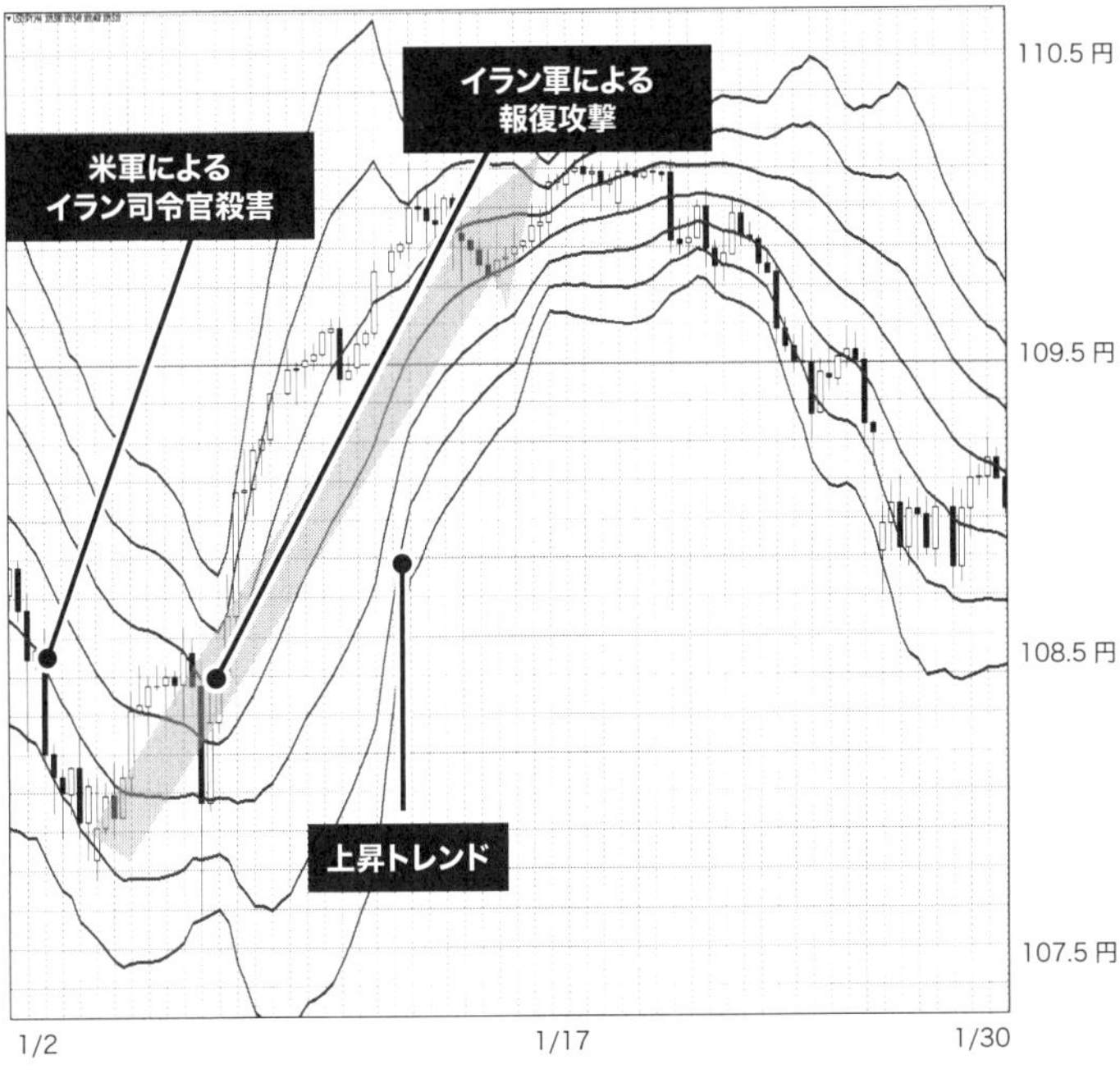

- 米軍によるイラン司令官の殺害

- イラン司令官殺害の報復のためにイラン軍が米軍駐留基地を攻撃

田所さんの考え方

1 エクスパンションが発生し、ミドルラインが移動平均線を上抜けたので買いエントリー

2 スクイーズが発生し、ローソク足の勢いが落ちているので、イグジット

イランショック後はわかりやすい上昇トレンドでした。しかし、買いサインのタイミングがやや遅かったため、大きな利益にはなりませんでした。

直前が大きな下降トレンドだったため、移動平均線の動きが鈍かったことが原因だと思います。

まとめ

直前に大きな下降トレンドが発生したため、買いサインが遅れた。

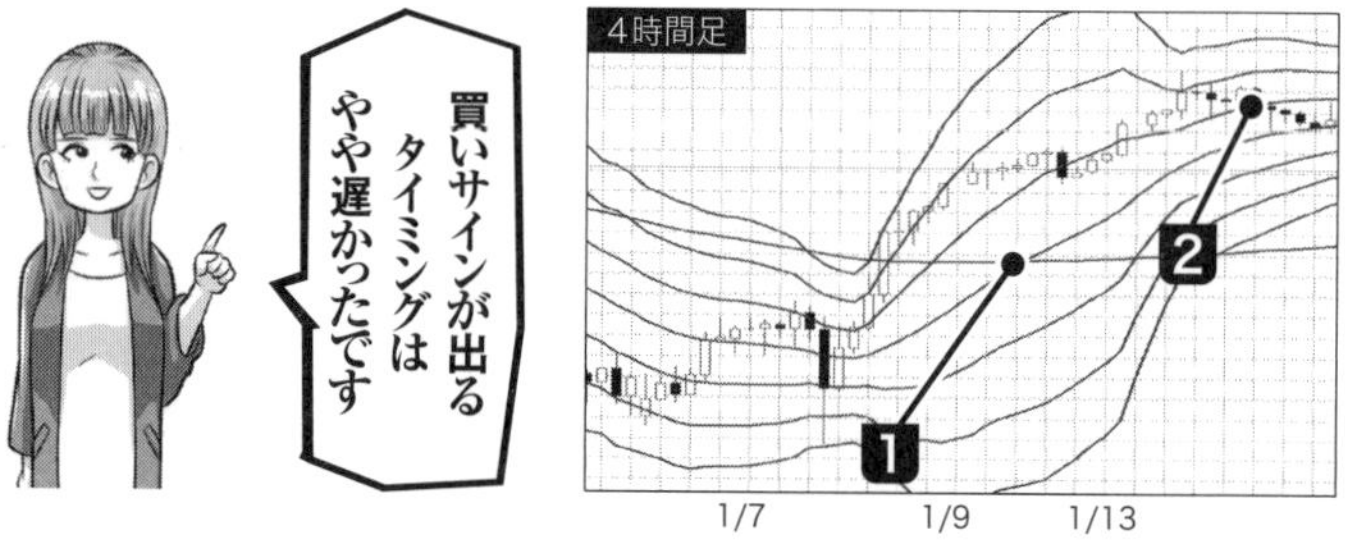

買いサインが出るタイミングはやや遅かったです
4時間足
1
2
1/7
1/9
1/13

近藤さんの考え方

1 エクスパンションが発生し、プラスＤＩがマイナスＤＩの上にあるので買いエントリー

2 スクイーズが発生し、ＡＤＸのラインも収縮しているのでイグジット

エクスパンション発生時にプラスＤＩがマイナスＤＩの上で推移しているのでエントリーしました。その後、スクイーズとともに、ＡＤＸが収縮していたので、イグジットしました。トレンドの始まりから終わりまでポジションを保有し続けられたので理想的なトレードでした。

まとめ

トレンドの始まりから終わりまで獲れた理想的なトレードだった。

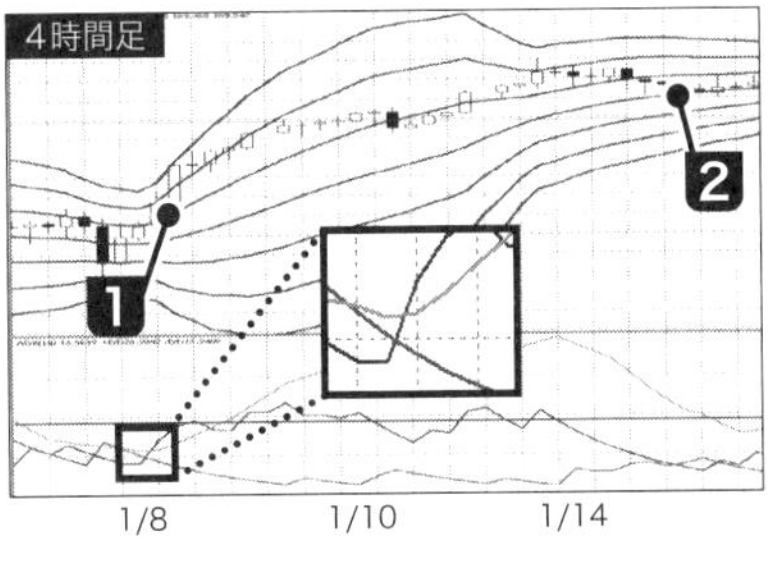

04

米中関係が改善し円安相場に

２０１９年11月1日に米国と中国は通商問題を巡る電話協議で進展が得られたことを明らかにしました。トランプ大統領は中国の習近平国家主席と合意に署名したいとの考えを表明し、中国商務省でも電話協議の結果、原則で一致したことを発表しました。

それまで米中の関係悪化を懸念してリスク回避のために円高に動いていた相場は、リスクオンになり円安トレンドに転換しました。

また、11月1日に発表された米雇用統計が良好な結果だったことも相場に影響を与え、11月中旬ごろまで上昇トレンドが続きました。

2019年11月

米ドル/日本円の4時間足チャート

米中関係改善により円安の動きが強まる

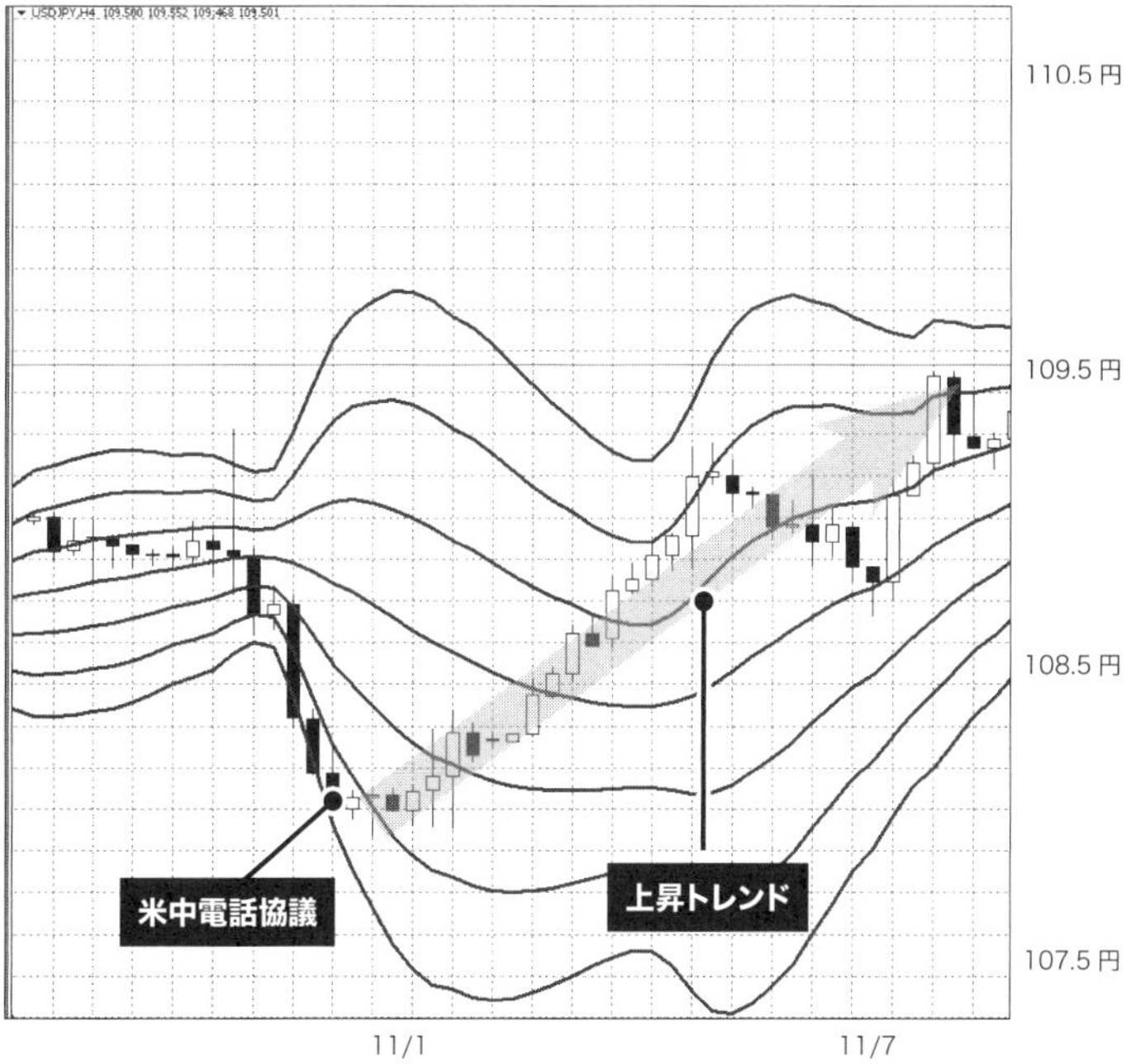

- 米中の通商問題をめぐる問題が改善

- 米雇用統計が良好な結果

工藤さんの考え方

1 ローソク足がプラス1σを上に抜けたので買いエントリー

2 ローソク足がミドルラインにタッチしたが、含み損だったので様子見

3 ローソク足がマイナス1σにタッチしたのでイグジット

ローソク足がプラス1σを上に抜けたことを理由に買いエントリーをしましたが、予想外にローソク足が下落し、マイナス1σにタッチしたので、損切りをしました。

まとめ

予想以上に下落し、ローソク足がマイナス1σにタッチしたので失敗トレードになった。

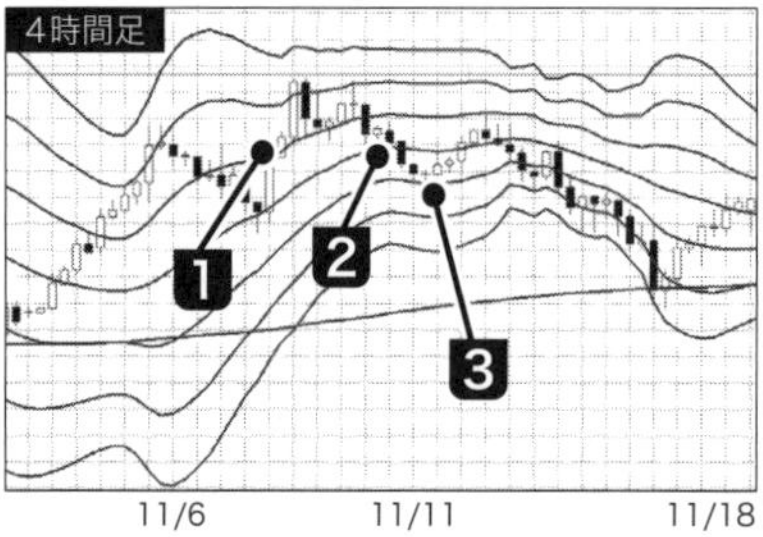

4時間足
1
2
3
11/6
11/11
11/18

手法と相場の相性が悪かったです

向井さんの考え方

1 エクスパンションの発生時にローソク足が雲を上に抜けたので買いエントリー

2 ローソク足が下落したが、ミドルラインを完全に下抜けしていないので様子見

3 スクイーズが発生し、ミドルラインの傾きが緩やかになっているのでイグジット

エクスパンションでエントリーできたものの、上昇の力が弱く、利益があまり得られないトレードでした。トレンドの勢いが中途半端だと、このようになりやすいです。

まとめ

トレンドの勢いが弱く、あまり利益が得られないトレードになった。

利益は得られましたがトレードは失敗でした

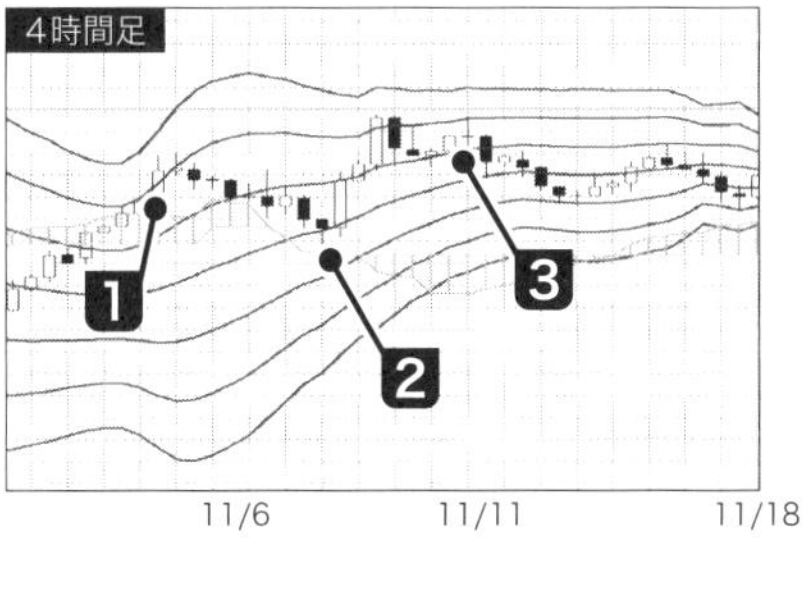
4時間足
1
2
3
11/6
11/11
11/18

米中の関係悪化懸念によりリスク回避の動きが強まる

05

米中貿易戦争の激化懸念による円高

2019年8月1日に米トランプ大統領がツイッターで、9月1日から中国からの輸入品3000億ドル分を対象とした追加関税を発動すると表明しました。それに対し、中国もすぐに必要な対抗措置を取ると表明したことから米中貿易戦争の激化が懸念され、リスク回避の動きが強まり、円高へと動きました。

8月1日には、108円76銭から107円31銭まで下落し、8月12日には105円5銭にまで下落しました。

また、日本以外の主要国では利下げの実施、または利下げが予想されていたことも円高の勢いに拍車をかけていました。

2019年6月〜8月

米ドル/日本円の日足チャート

米中の関係悪化が懸念され円高の動きに

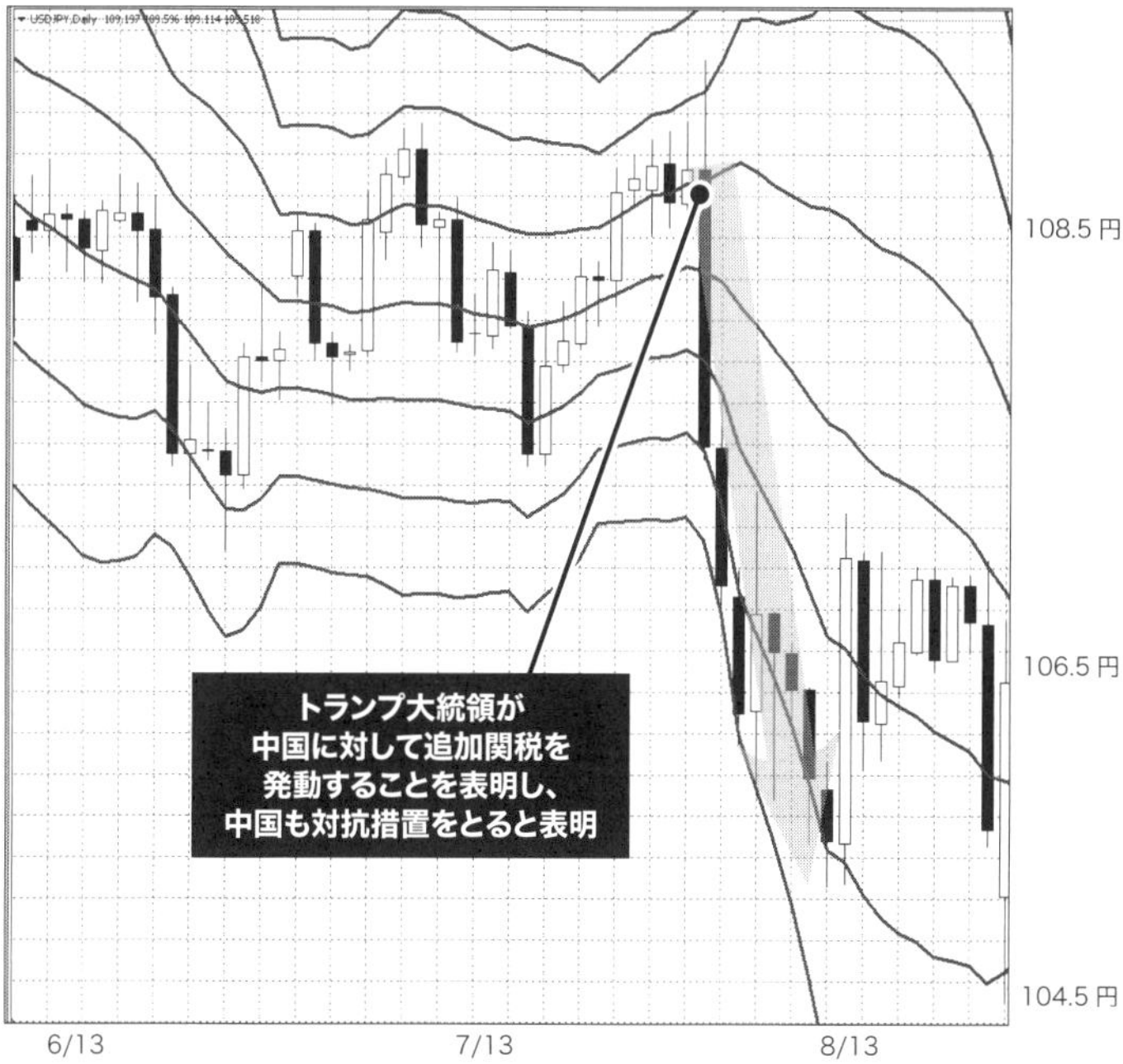
USDJPY,Daily 109.197 109.596 109.114 109.518
トランプ大統領が
中国に対して追加関税を
発動することを表明し、
中国も対抗措置をとると表明
108.5円
106.5円
104.5円
6/13
7/13
8/13

▶トランプ大統領が中国への追加関税発動を表明

▶中国も対抗措置をとると表明

▶日本以外の国の利下げの動きも影響

高田さんの考え方

1. MACDがシグナルを下に抜いたので売りエントリー
2. バンドウォークしていたローソク足が反転したのでイグジット

ローソク足が急落したタイミングで、MACDがシグナルを下に抜けたので売りエントリーしました。その後、エントリー時点からマイナス3σに張り付いていたローソク足が離れたタイミングでイグジットしました。ポジションの保有期間は3日程度でしたが、うまく利益を抜けたと思います。

まとめ

短期間のトレードだったが、うまく利益を得ることができた。

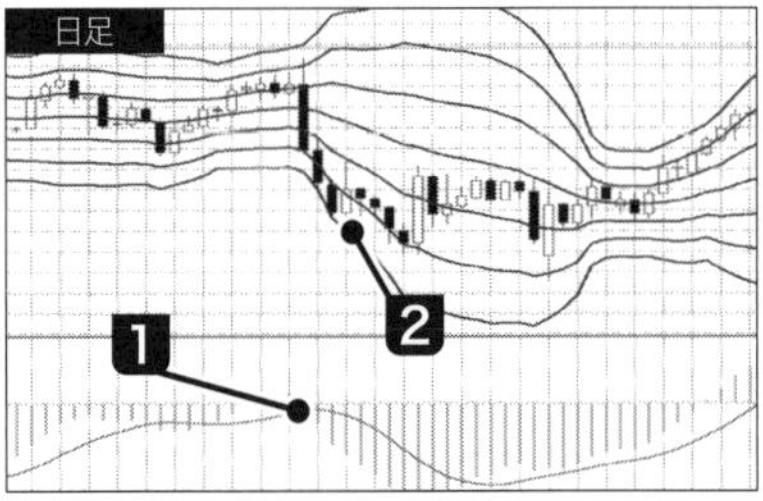

日足
1
2
7/17
8/17

急落の動きをうまくとらえられました

真田さんの考え方

1 エクスパンションが発生したので売りエントリー

2 ローソク足が反転したのでイグジット

エクスパンションが発生したので売りエントリーしましたが、その後すぐにローソク足が反転したのでイグジットしました。このときの相場は米中の関係悪化というファンダメンタルズで動いていたので、急落に対してテクニカルを使ったトレードはミスだったと思います。トレードするなら、ある程度落ち着いた段階で行うべきだったと反省しています。

まとめ

テクニカルが通用していない相場でトレードしてしまったため、失敗した。

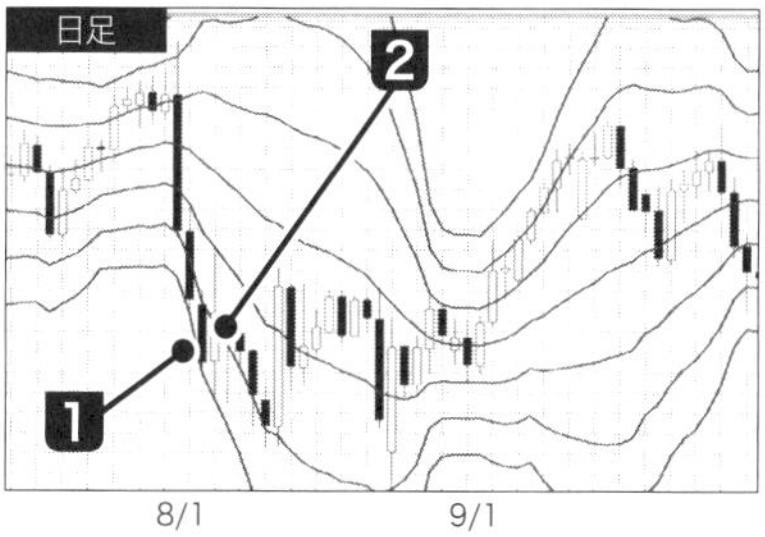
日足
2
1
8/1
9/1

ダメなトレード例のひとつです

06

米中関係悪化と米国の利下げ懸念による円高

2019年に入ってから落ち着きを見せていた米中関係が、5月に米中閣僚級協議が決裂したことで関係が悪化しました。その結果、投資家の間でリスク懸念により、ドル売り・円買いが増えました。

また、米国は経済指標の結果も悪く、景気の悪化が懸念されるなか、6月のFOMC（米国連邦公開市場委員会）では17人中7名が年内2回の利下げを見込んだことで、利下げの可能性が高まり、ドル売りが加速しました。

このようにドル売りの材料は十分にそろっていたこともあり、4月末ごろから6月末にかけて強力な円高トレンドになりました。

2019年5月～6月

米ドル/日本円の日足チャート

米中の関係や米景気の悪化の懸念により円高に

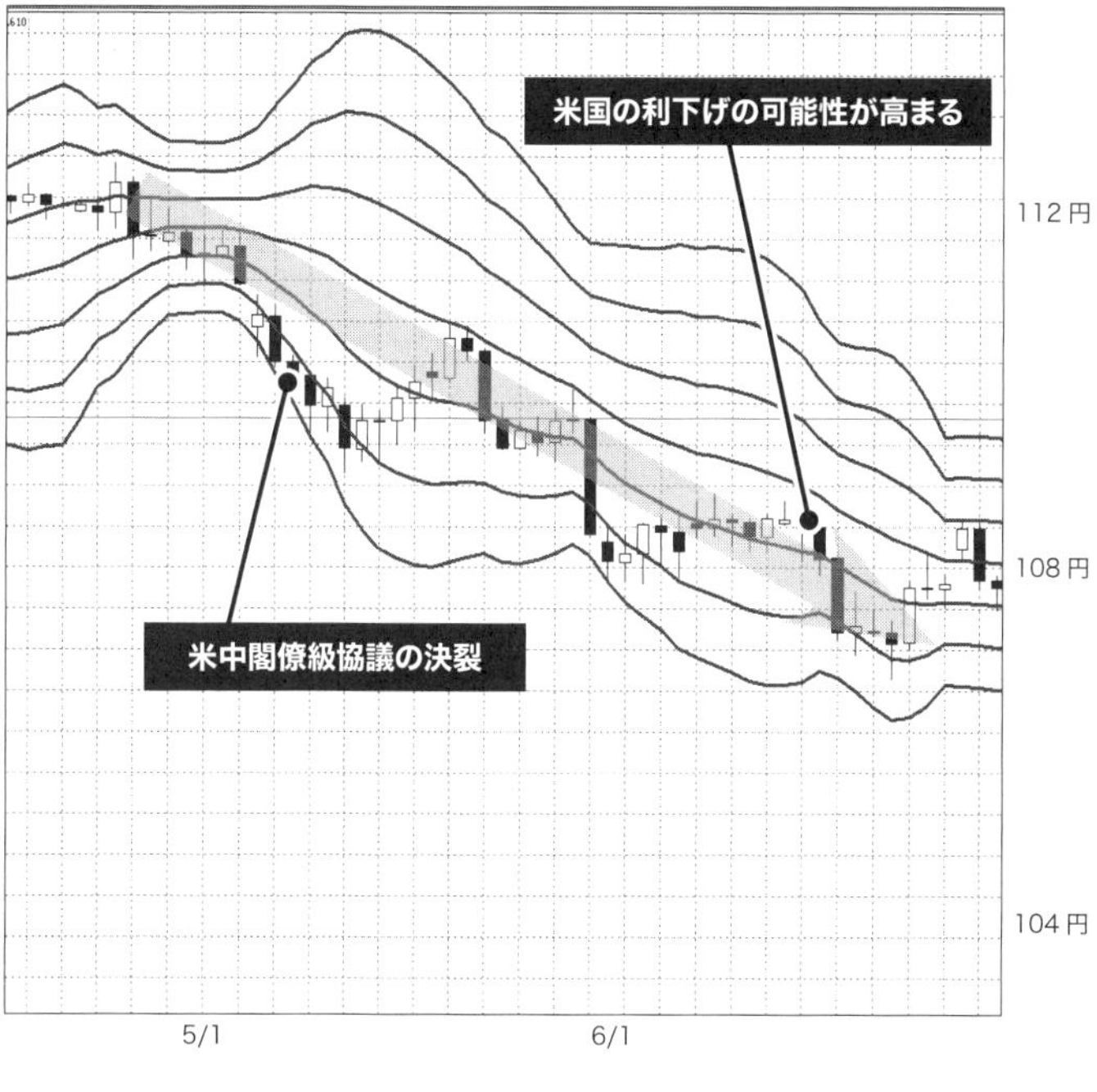
米国の利下げの可能性が高まる
米中閣僚級協議の決裂
112円
108円
104円
5/1
6/1

▶ 米中閣僚級協議の決裂

▶米国の景気悪化の懸念

▶米国の利下げの可能性の高まり

田所さんの考え方

1 エクスパンションが発生し、ミドルラインが移動平均線を下抜けたので売りエントリー

2 スクイーズが発生し、ローソク足の勢いが落ちているので、イグジット

結果的には大きな下降トレンドでしたが、ミドルラインが移動平均線を下抜けした時点では今後の動きが見えていませんでした。

スクイーズが発生しているタイミングで、ローソク足の下降の勢いが落ちて、反転を始めていたのでイグジットしました。

まとめ

エントリー後の戻りが大きかったため、イグジット判断をした。

少ないものの利益を得ることができました

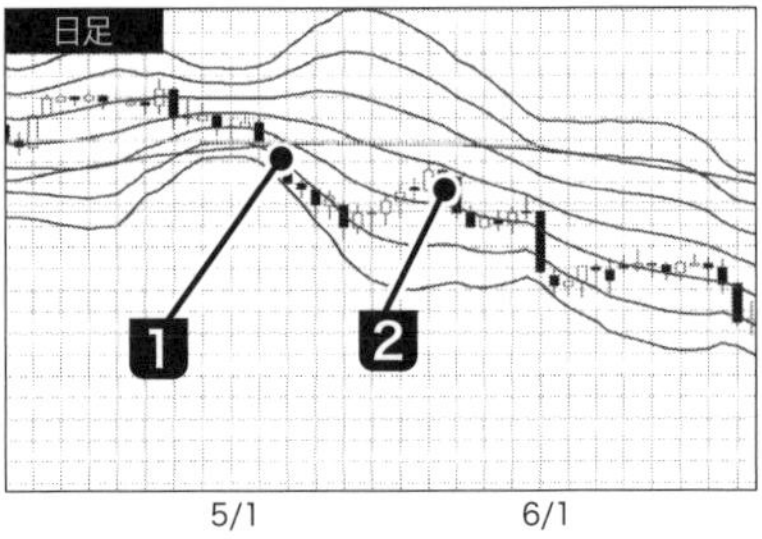

日足
1
2
5/1
6/1

近藤さんの考え方

1 ＣＣＩがマイナス１００以下になったので売りエントリー

2 ローソク足がマイナス３σで反発したのでイグジット

下降トレンド中にＣＣＩがマイナス１００以下になったので売りエントリーしました。その後、ローソク足がマイナス３σに張り付いたので様子見をし、反発したタイミングでイグジットしました。やや細かい動きに対してのトレードでしたが、うまく利益が得られたと思います。

まとめ

ポジション保有期間が短いトレードだったが、十分な利益が得られた。

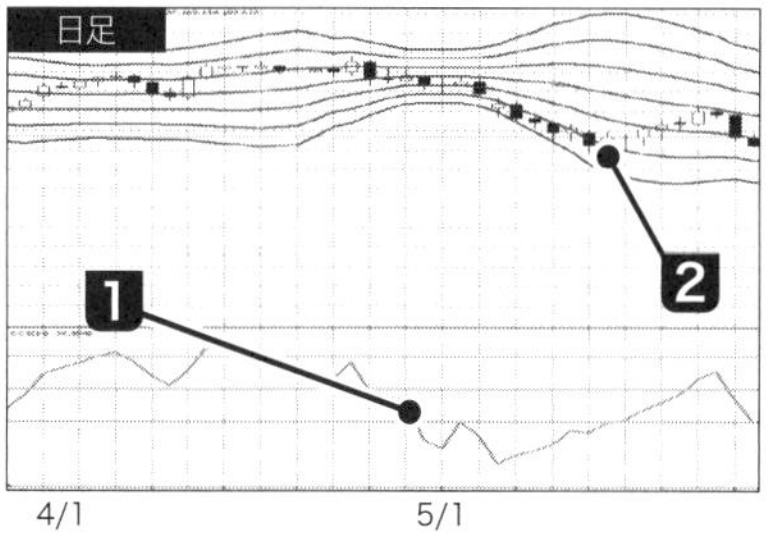
日足
1
2
4/1
5/1

このようなトレードを積み重ねると大きな利益になります

07

米政策金利の据え置きによる円高

2019年3月19、20日に開催されたFOMCで、政策金利の誘導レンジが2・25~2・5%の据え置きが決まったことにより、円高になりました。

米国金利に対し、市場では年内に最低でも1回は利上げすることを予想していました。しかし、FOMCの参加委員17名のうち11名が2019年中の政策金利の据え置きの見通し、利上げ1回の予測が4名、利上げ2回の予測は2名にとどまり、利上げが必要との意見が少数派でした。

これにより、市場は失望感からドル売りが加速し、急激に円高トレンドに進みました。

2019年2月〜4月

米ドル/日本円の日足チャート

米政策金利の据え置きによって失望売り

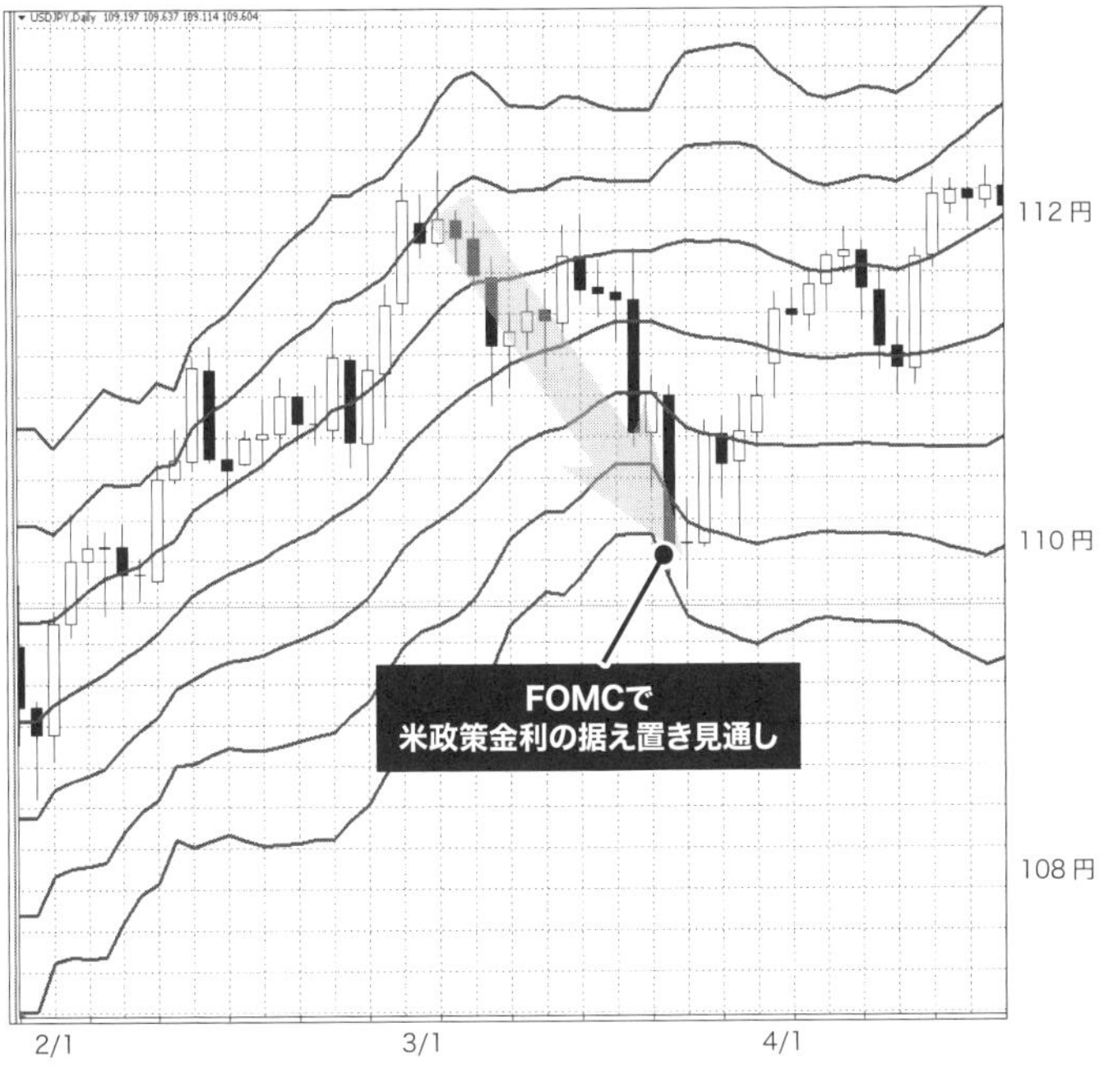

▶ 米政策金利が据え置き

▶ FOMC参加委員のなかで利上げを必要とする意見が少数派

高田さんの考え方

1 MACDがシグナルを上に抜いたので買いエントリー

2 MACDがシグナルを下に抜いたのでイグジット

政策金利発表前の上昇トレンドでMACDとシグナルによる買いエントリーとイグジットでうまくトレードができました。政策金利発表時はポジションを持っていませんでしたが、発表1週間くらい前に下降し始めたタイミングでイグジットサインが出ていたので、うまく逃げられたトレードだったと思います。

まとめ

急落する前にイグジットできたので、大幅に利益を減らさずにすんだ。

上昇の動きすべてが利益になりました

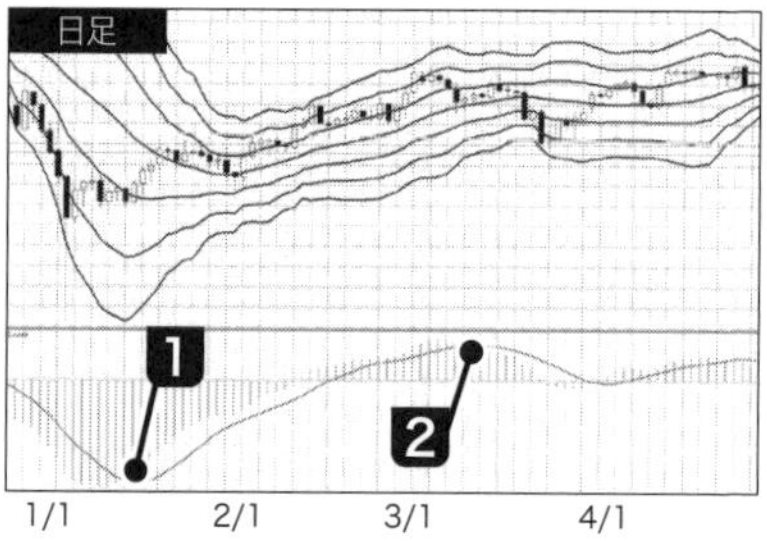

日足
1
2
1/1
2/1
3/1
4/1

近藤さんの考え方

1 CCIがプラス100以上になったので買いエントリー

2 CCIが0以下になったのでイグジット

上昇トレンド中にCCIがプラス100以上になったので買いエントリーしました。その後、CCIが0以下になったタイミングでイグジットしました。

政策金利発表による急落直前にイグジットしており、CCIがうまく機能しているトレードでした。

まとめ

CCIがうまく機能し、急落直前にイグジットすることができた。

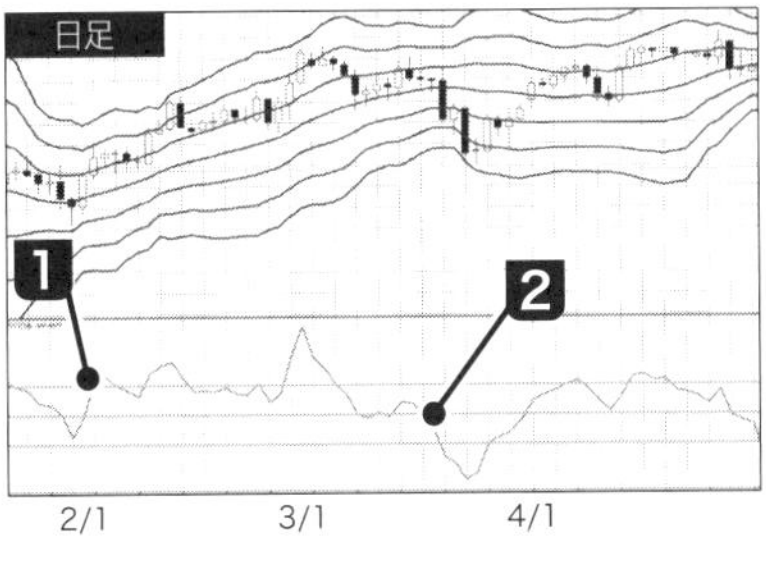

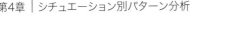

08

米国の対中関税引き上げ延期で円安相場に

貿易摩擦をめぐって関係が悪化していた米国と中国は、2019年2月下旬に米中通商協議を行い、米国の対中関税引き上げの延期が決定しました。トランプ大統領が「大きく進展した」と発言したことで、米中の関係改善の期待感からドル買いが進行し、円安圧力が高まりました。

また、2月は世界的に株高になるなか、円を売って株を買う動きが強まっていたことも、円安圧力を強めていました。

2019年2月〜4月

米ドル/日本円の4時間足チャート

世界的株高のなか対中関税引き上げ延期により円安が加速

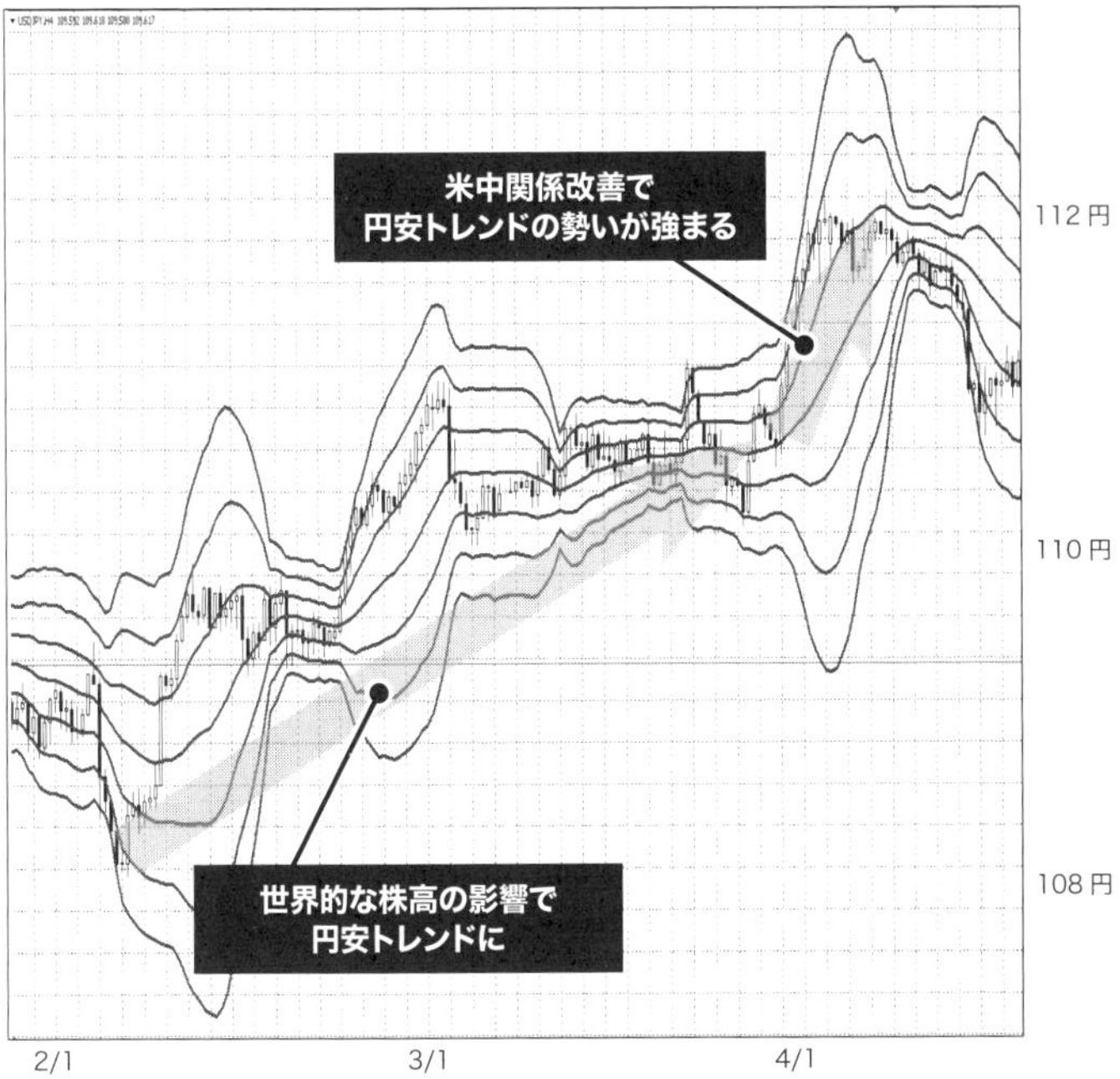
米中関係改善で
円安トレンドの勢いが強まる
世界的な株高の影響で
円安トレンドに
112円
110円
108円
2/1
3/1
4/1

- 世界的な円売り・株買いの動き
- 米中関係が改善

工藤さんの考え方

1. ローソク足がプラス1σを上に抜けたので買いエントリー
2. ローソク足がミドルラインをタッチしたのでイグジット

ローソク足がプラス1σを上に抜けたタイミングで買いエントリーし、ミドルラインにタッチしたタイミングでイグジットしました。

一連の上昇トレンド中は何度かエントリーチャンスがあり、どれも利益が得られる結果になりました。

まとめ

上昇トレンド中に何度もエントリータイミングがあり、大きな利益を得た。

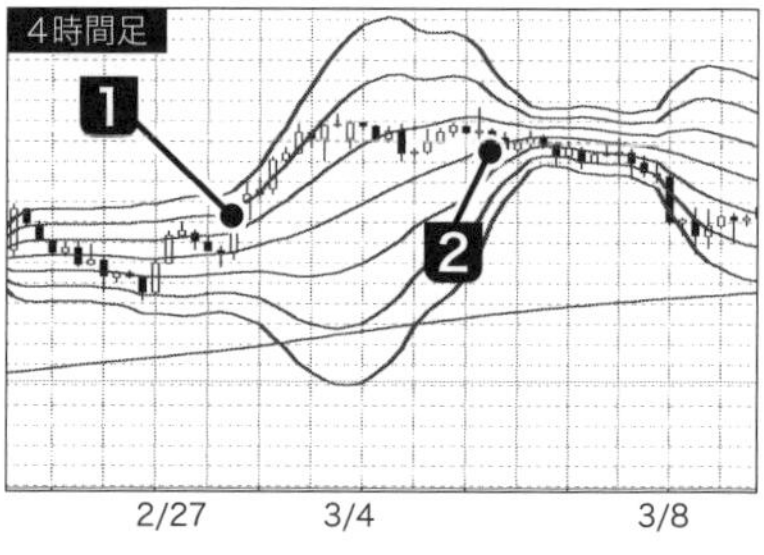

4時間足
1
2
2/27
3/4
3/8

大きな上昇が何度かあり、利益が得られました
GAME

真田さんの考え方

1. エクスパンションが発生したので買いエントリー
2. スクイーズが発生したのでイグジット

エクスパンションが発生したので買いエントリーしました。その後、スクイーズが発生したのでイグジットしました。

継続的に上昇トレンドが発生していたため、日足ではσラインが広がった状態が続いておりエントリーしにくい状況だったので、エクスパンションとスクイーズを繰り返していた4時間足ではトレードがしやすい状況でした。

まとめ

日足よりも4時間足でのトレードがしやすい相場環境だった。

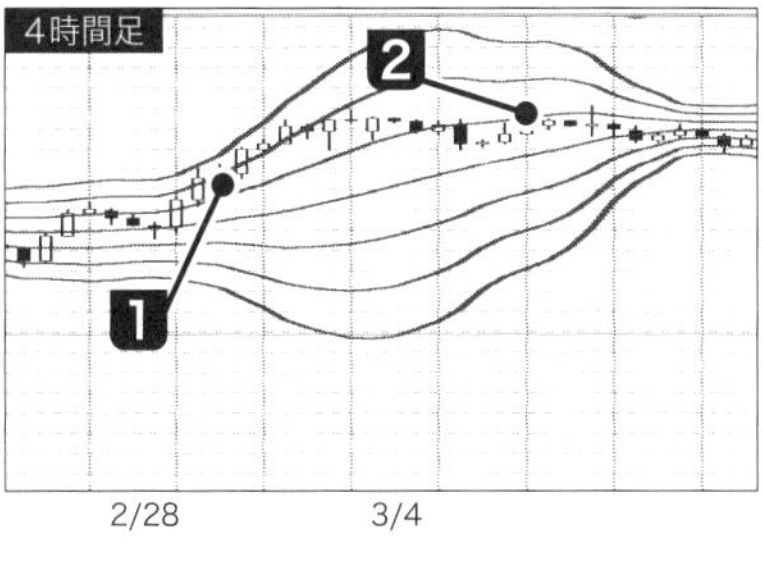

4時間足
1
2
2/28
3/4

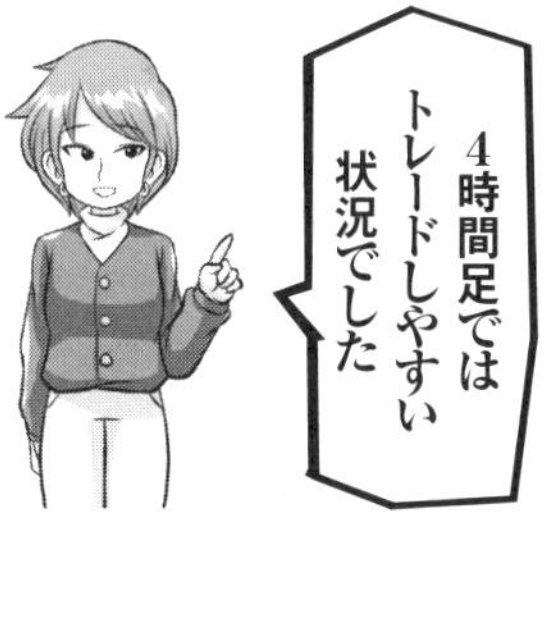

4時間足ではトレードしやすい状況でした

09

AIトレードの影響で急落した

アップルショックによって急激な円高に

2019年1月2日、米アップルが10〜12月期の売上高見通しを下方修正したことで、アップルショックと言われる急激な円買いが進みました。

1月3日には1ドル＝108円85銭から一時1ドル＝104円97銭にまで急落しました。もともと世界経済の停滞への懸念が高まっての、リスクオフの状況下だったところで、米アップルの下方修正によって円が急激に買われました。

また、この急落は円高になったことにより、一部のAIがドル売り・円買いをしたことに他のAIも反応し、次々と円買いをしたことで円高が加速し、さらにこの動きによって一般投資家の強制ロスカットが多発したとの見方もあります。

2018年12月〜2019年1月

米ドル/日本円の4時間足チャート

アップルショックによる急落

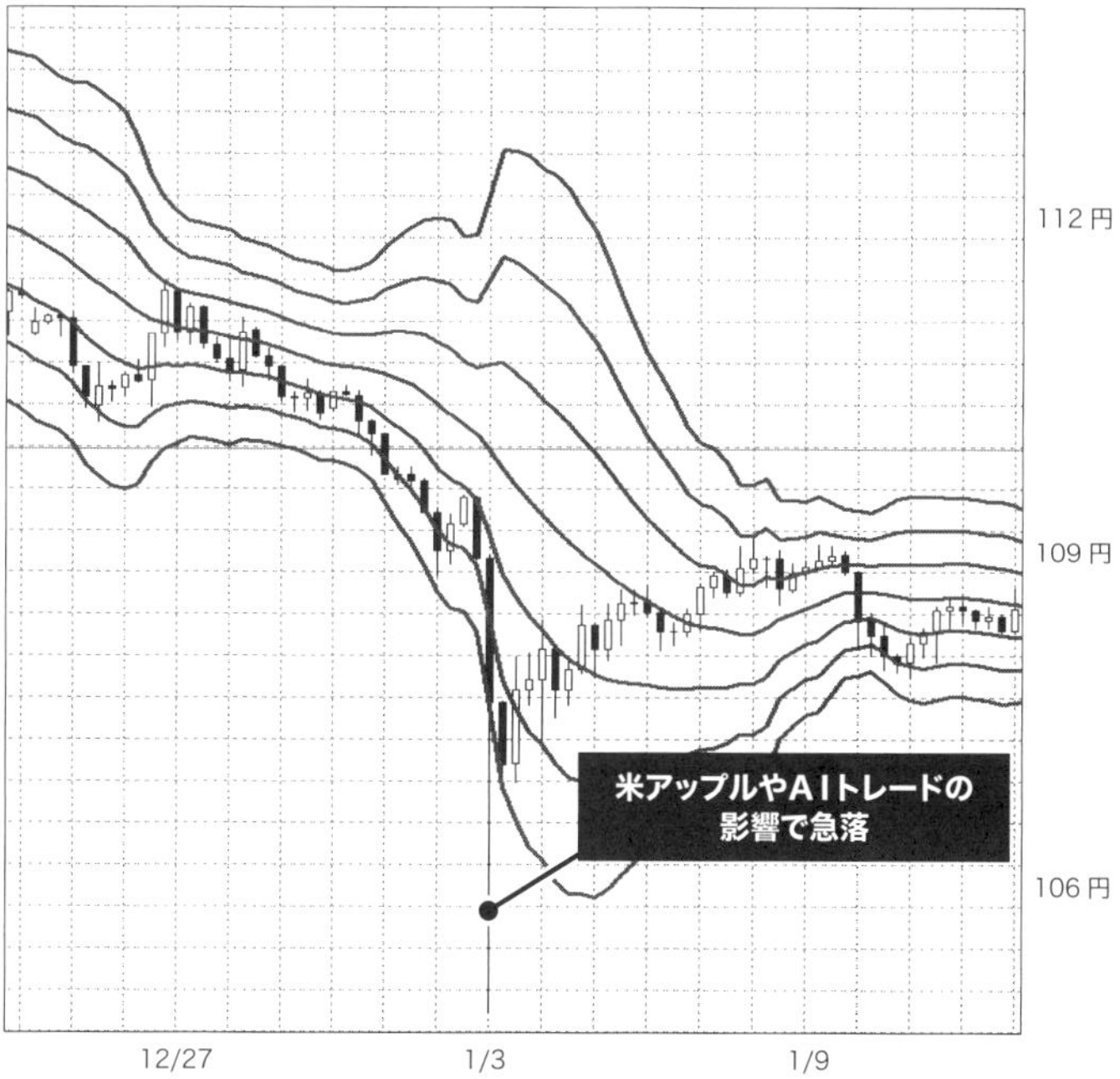

▶ 米アップルの4半期売上高見通しの下方修正

▶ AIによる円買い

▶ 世界経済の停滞への懸念

田所さんの考え方

1 エクスパンションが発生し、ミドルラインが移動平均線を下抜けたので売りエントリー

2 相場が異常な動きをしていたのでイグジット

エクスパンションが発生し、ミドルラインが移動平均線を下抜けしたので売りエントリーしました。順調に下落していましたが、アップルショックによって相場が異常な動きをしていたので、イグジットしました。結果的にはその後上昇トレンドに転じているので、イグジットタイミングとしては最高でした。

まとめ

相場に異常が発生したのでイグジットしたが、結果的にベストなタイミングのイグジットになった。

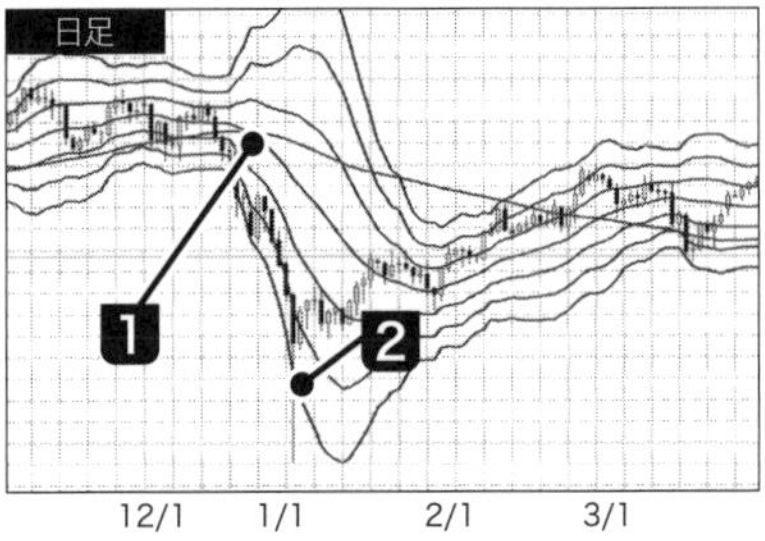

日足
1
2
12/1
1/1
2/1
3/1

相場に異変が起きていたのでイグジットしました

向井さんの考え方

1 エクスパンションの発生時にローソク足が雲を下に抜けたので売りエントリー

2 相場に異変が起きたのでイグジット

エクスパンションでエントリーしたものの、アップルショックの影響で相場に異変が起きたのでイグジットしました。

アップルの発表だけの動きにしては、あきらかにおかしな急落だったので、大きくリバウンドする可能性も考え、ポジションを持ち続ける選択肢はありませんでした。

まとめ

異常な下落だったので、迷いなくイグジットをした。

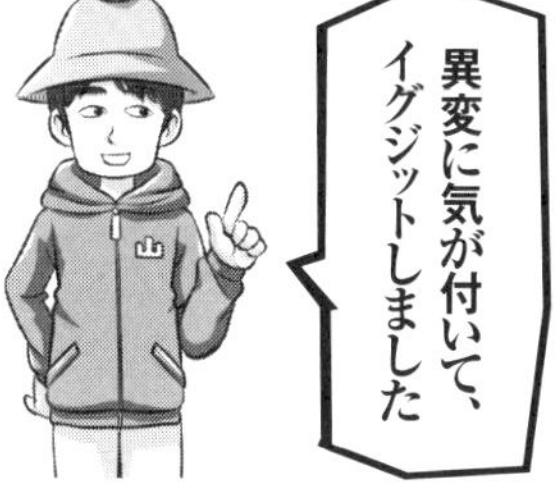

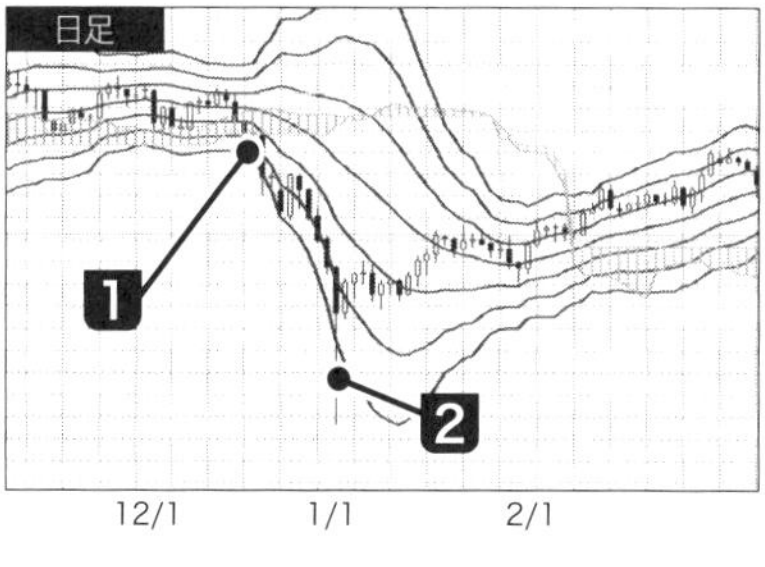

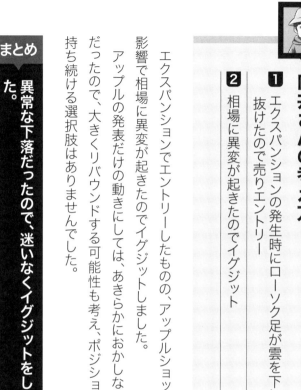

10

世界的な株高による円安相場

2018年9月は、米中貿易摩擦への過度の警戒感が後退したことから米国を中心に世界的に株が買われました。その影響は為替相場にも波及し、株を買うための資金調達により円が売られたことで円安トレンドになりました。

また、8月のトルコショックに起因した新興国市場の混乱も、その後のトルコ中銀の大幅利上げで同国の金融政策への不信感が低下したことで落ち着きをみせたことや、米国の債券利回りの上昇なども円安を後押ししました。

なお、この時期は対ドルだけではなく、ユーロ、豪ドルといった主要通貨に対しても円安になりました。

2018年9月〜11月

米ドル/日本円の日足チャート

世界的な株高による円安相場

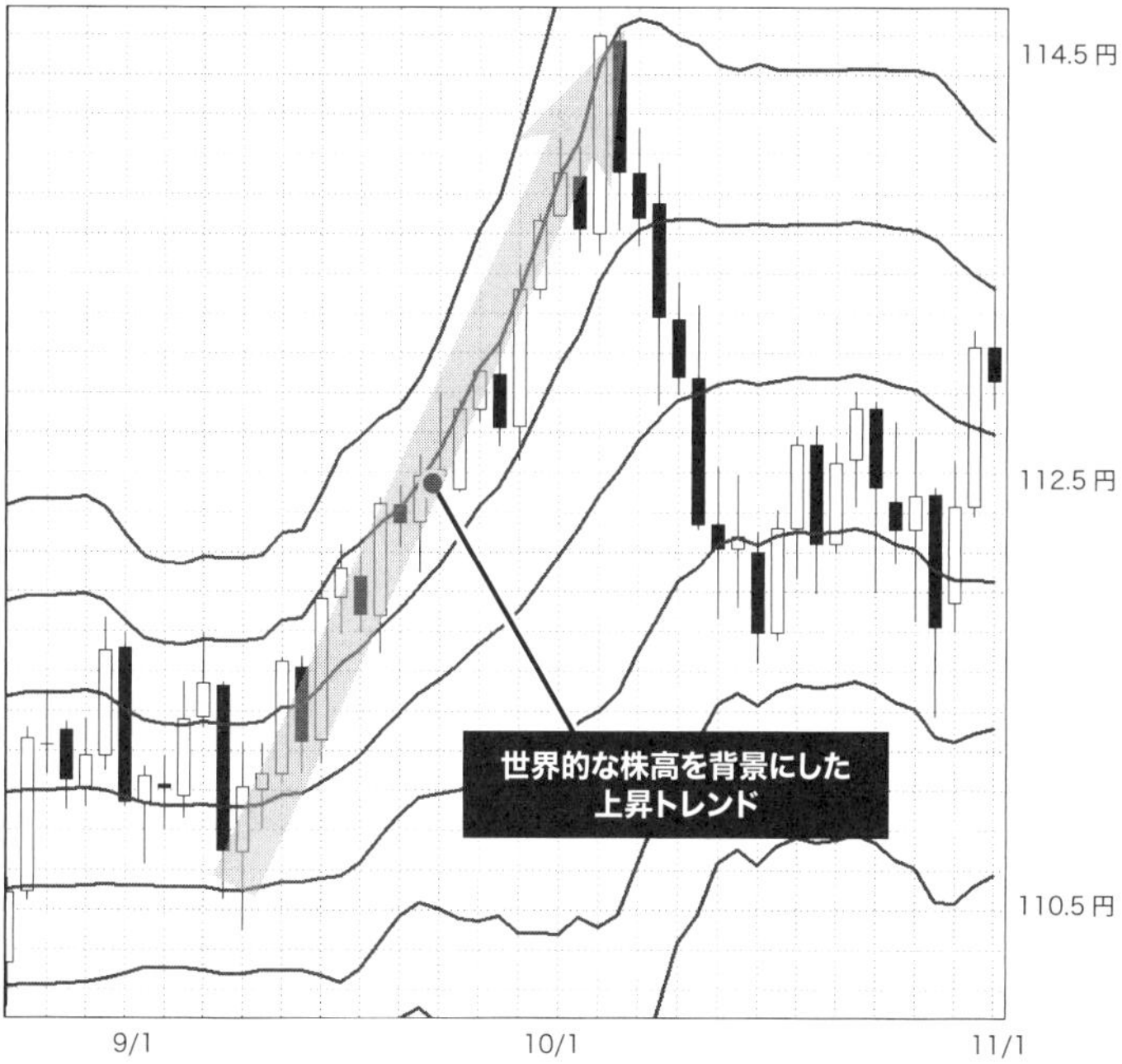

- 米中貿易摩擦への警戒感が薄れたことによる世界的な株高
- 新興国市場の混乱の落ち着き
- 米国の債券利回りの上昇

工藤さんの考え方

1 ローソク足がプラス1σを上に抜けたので買いエントリー

2 ローソク足がミドルラインをタッチしたのでイグジット

ローソク足がプラス1σを上に抜けたタイミングで買いエントリーしました。プラス2σに張り付いたものの、プラス3σにタッチせずに下落し、ミドルラインにタッチしたタイミングでイグジットしました。利益は得られましたが、ローソク足がプラス3σにタッチしなかったのは残念でした。

まとめ

上昇トレンドの勢いが足りず、相場と手法がマッチしていなかった。

大きな上昇が何度かあり、利益が得られました

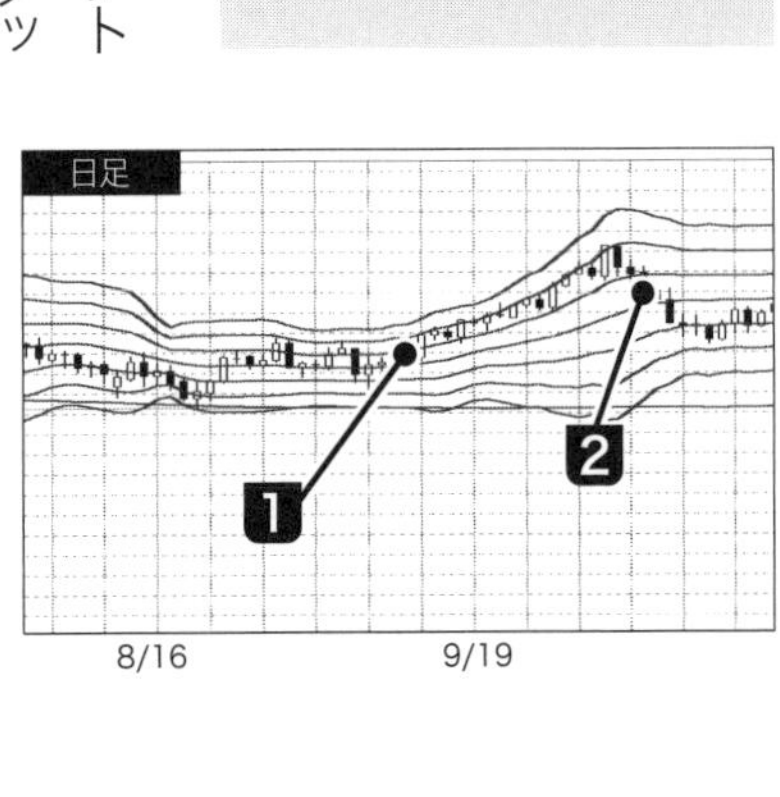
日足
1
2
8/16
9/19

高田さんの考え方

1 MACDがシグナルを上に抜いたので買いエントリー

2 バンドウォークが終了したのでイグジット

上昇トレンドが始まった時点でMACDがシグナルを上に抜いたのでベストなタイミングでのエントリーでした。ローソク足がプラス2σでバンドウォークをするトレンドで、イグジットも上昇トレンドの終了と同時にできたので、理想的なトレードといえます。

まとめ

ベストなタイミングでエントリーとイグジットができたので、利益も多かった。

上昇の動きすべてが利益になりました

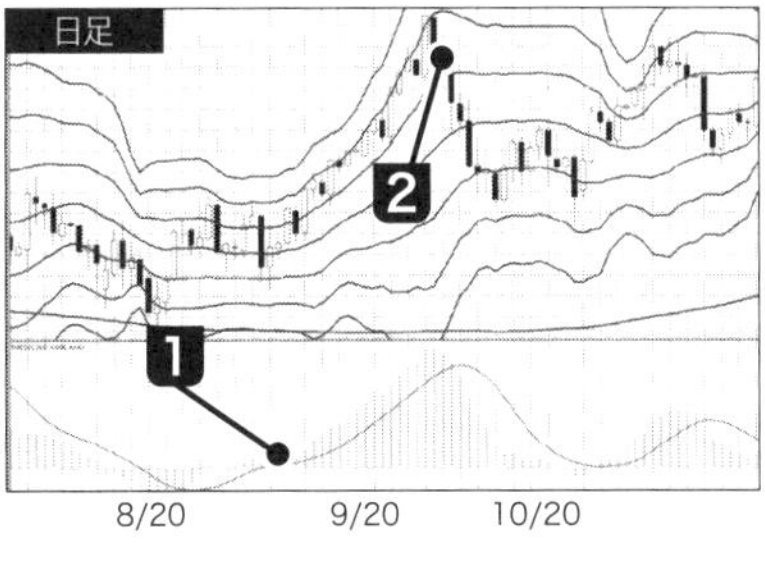
日足
2
1
8/20
9/20
10/20

11

ドラギＥＣＢ総裁の発言による円高相場

２０１８年６月にＥＣＢ（欧州中央銀行）理事会においてドラギＥＣＢ総裁（当時）が金利を２０１９年夏の終わりまでは現在の水準にとどめるという方針を示したことで、ユーロの失望売りが強まりました。

この時期はイギリスのＥＵ離脱問題や難民政策に関する加盟国間の対立など、ユーロに関してネガティブニュースが多かったこともユーロ売り・円買いを後押ししていました。

日足や週足などの長期トレンドでみるとユーロ／日本円は２０２０年４月ごろまで続く強力な下降トレンドが続いていました。

2018年6月

ユーロ/日本円の4時間足チャート

金利据え置きによるユーロ安

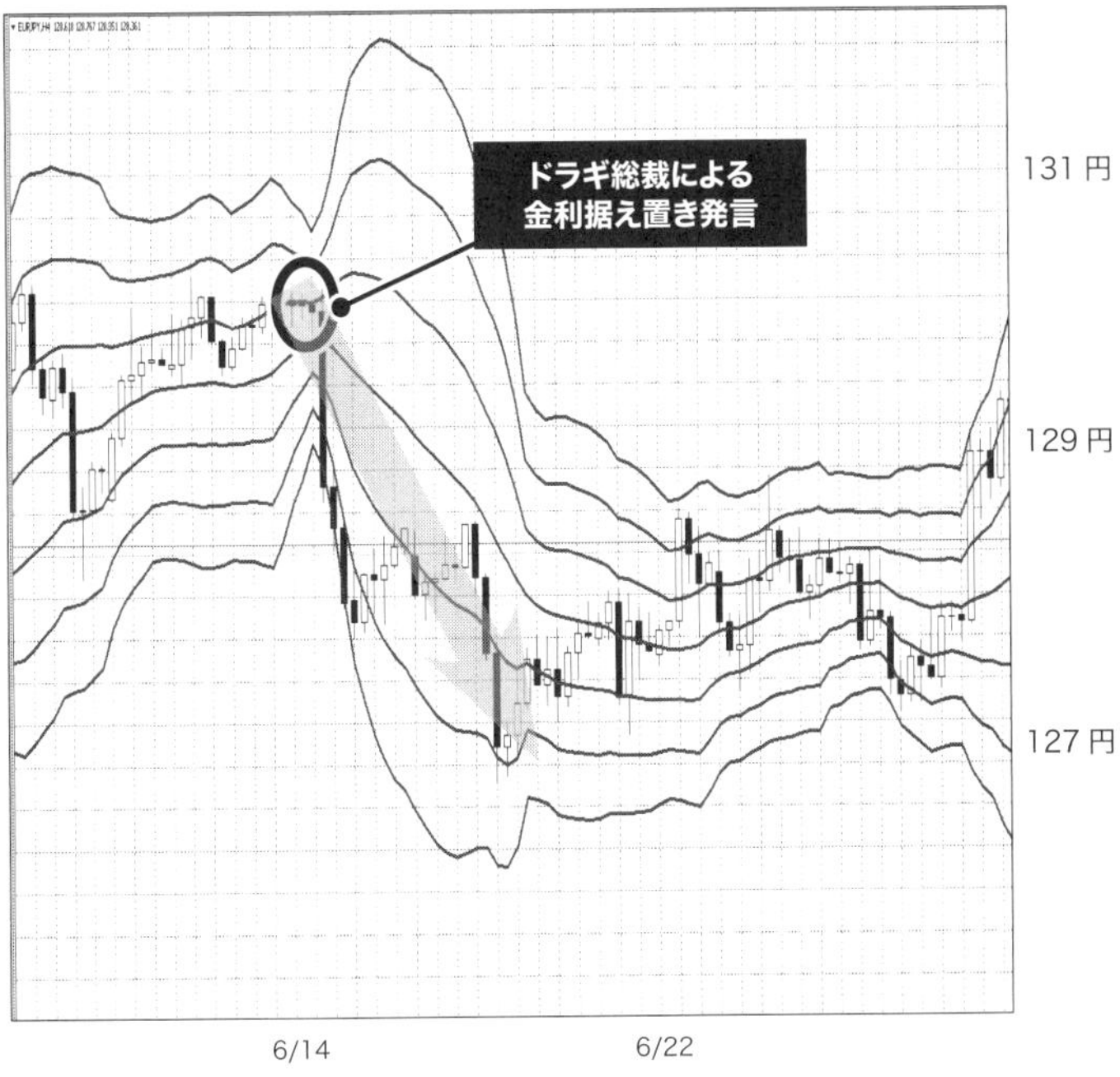

- ドラギECB総裁の金利据え置き発言
- イギリスのEU離脱問題
- 難民政策に関する加盟国間の対立

向井さんの考え方

1 エクスパンションの発生時にローソク足が雲の下に抜けたので売りエントリー

2 ローソク足がミドルラインを上に抜けたので、イグジット

エントリー後、イグジット基準に達しない状態でじわりじわりと上昇していたものの、その後大きく下落しました。しかし、スクイーズが発生するまえにローソク足が大きく上昇し、ミドルラインを上に抜けたのでイグジットしました。保有期間が長かった割に若干の利益で終わってしまいました。

まとめ

イグジットのタイミングが相場にはまらず、少しの利益でイグジットすることになってしまった

ほぼエントリー時の価格にもどってしまいました

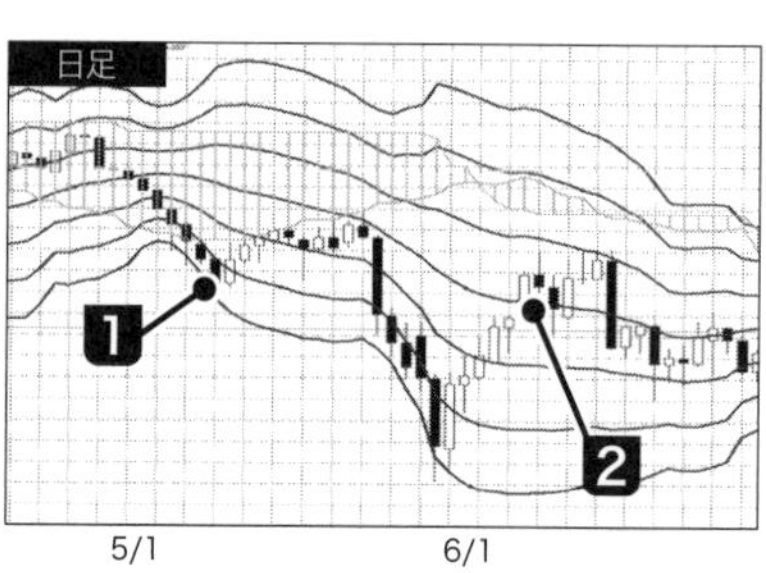

日足
1
2
5/1
6/1

真田さんの考え方

1. エクスパンションが発生したので売りエントリー
2. ローソク足が反発したのでイグジット

エクスパンションが発生したので売りエントリーをしましたが、すぐにローソク足が反発したのでイグジットしました。

エントリー直前に大きく下落していたので、ユーロ売り・円買いの圧力はいったんそこで収まっていたのだと思います。その後の動きはもみ合い相場になっているので、トレードに失敗したと判断するタイミングとしては良かったと思います。

まとめ

エントリー前に下落しきっていたため、利益があまり得られないトレードだった。

うまく逃げることができました

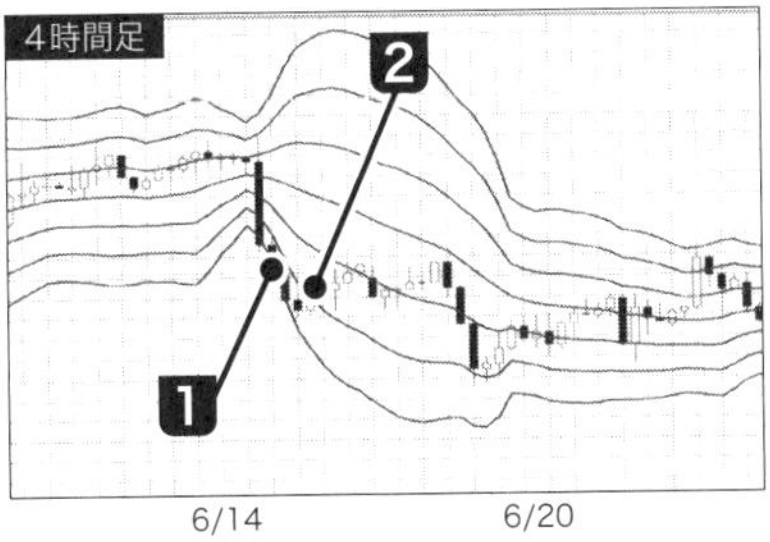
4時間足
2
1
6/14
6/20

12

米国株急落による円高相場

2018年初めは米国株の急落によって、円高相場になりました。
また、日銀の超長期国債の買い入れの減額による円高懸念が示され、米トランプ政権の貿易相手国への報復関税や輸入制限の検討なども円高につながりました。

とくに米トランプ政権による報復関税や輸入制限はのちに米中貿易戦争懸念につながるもので、中国も米国に対して報復措置の計画を発表するなど、ドル売りを後押しする動きがありました。

2018年1月〜3月

米ドル/日本円の日足チャート

米国株急落によって円高の勢いが強まる

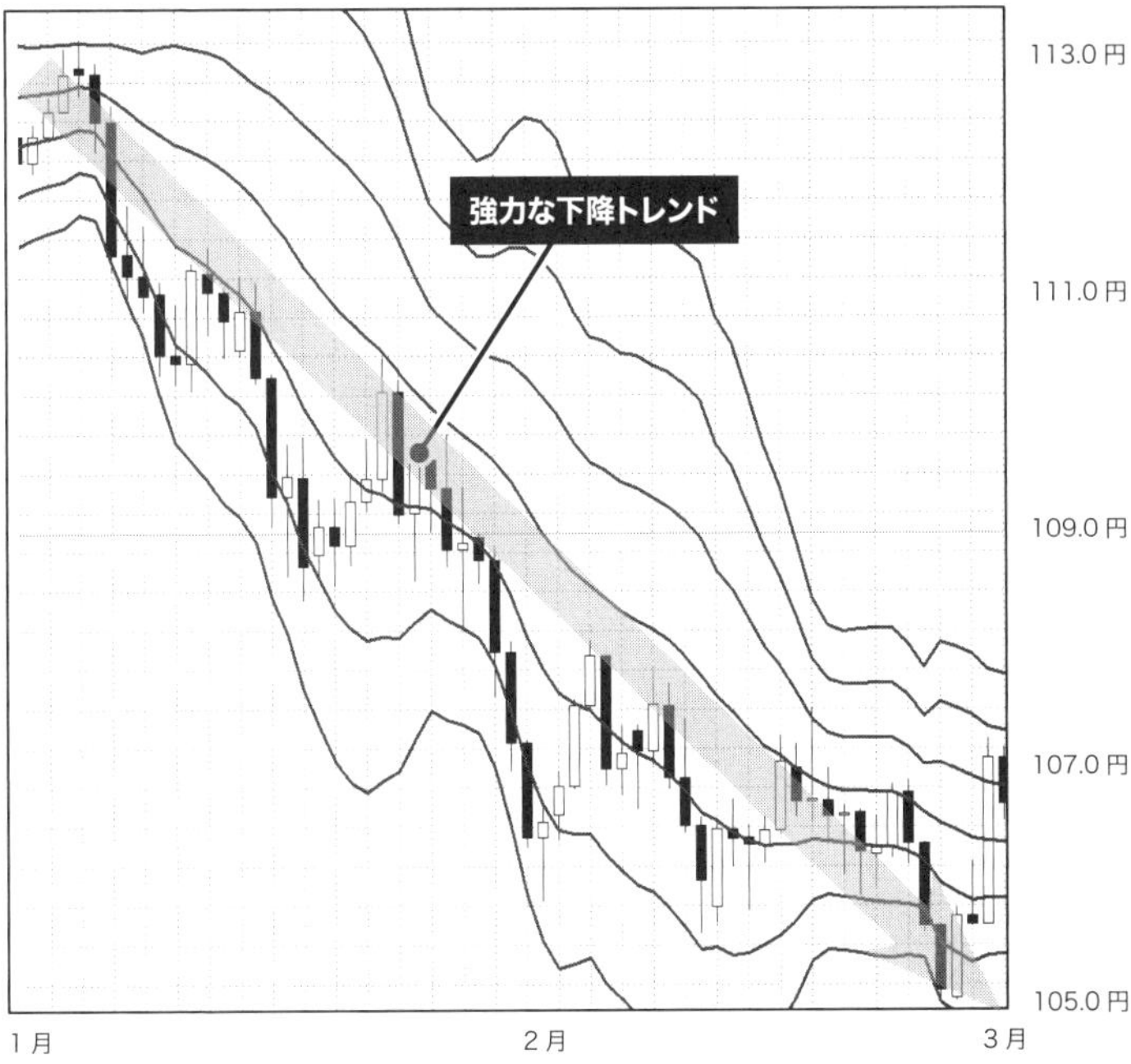

- 米国株の急落
- 日銀の超長期国債買い入れの減額
- 米国の貿易相手国への報復関税や輸入制限の検討

田所さんの考え方

1. エクスパンションが発生し、ミドルラインが移動平均線を下抜けたので売りエントリー
2. スクイーズが発生し、ローソク足が反転したので、イグジット

エクスパンションが発生し、ミドルラインが移動平均線を下抜けしたので売りエントリーしました。順調に下落したあとに、スクイーズの発生とともに、ローソク足が反転したのでイグジットしました。その後も下降トレンドが続いていますが、トレードとしては、理想的な動きです。

まとめ

しっかりと利益が得られる、理想的なトレードの流れだった。

理想的なトレードの動きです

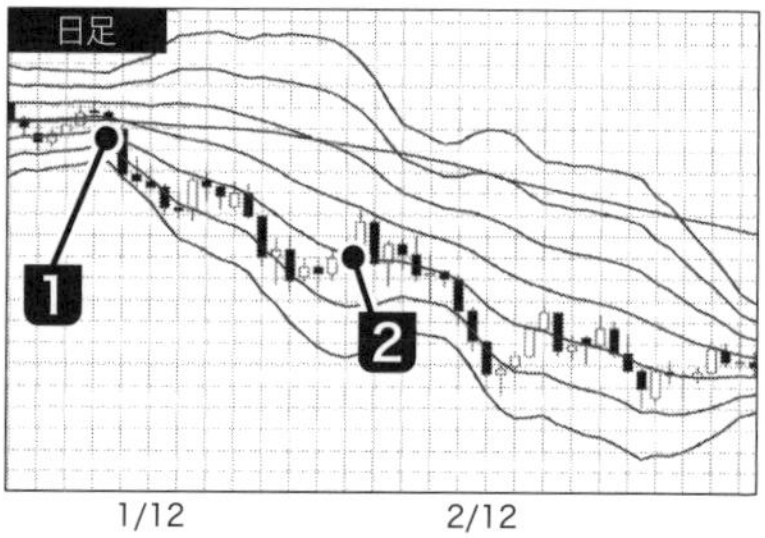
日足
1
2
1/12
2/12

近藤さんの考え方

1 エクスパンションが発生し、プラスDーがマイナスDーの下に抜けたので売りエントリー

2 ADXが30以下になったのでイグジット

エクスパンション発生時にプラスDーがマイナスDーの下に抜けたのでエントリーしました。その後、ある程度ローソク足が下落した後にADXが30以下になったので、イグジットしました。ポジションを約1カ月保有し、そこそこの利益が得られる結果になりました。

まとめ

結果的に中期トレードになり、不満のない利益を得ることができた。

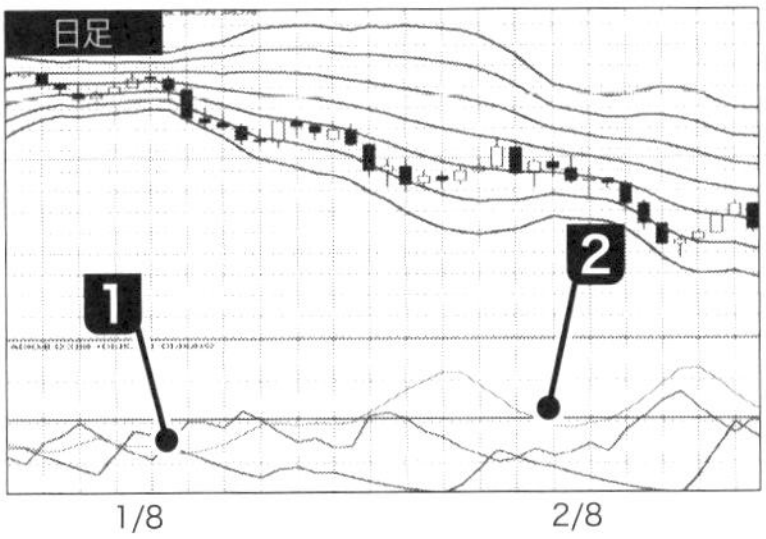

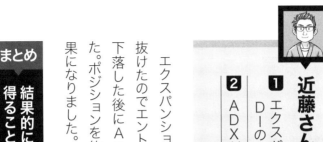

2022年最新版 ボリンジャーバンドを使いこなせばFXはカンタンに稼げる!

2021年11月10日　発行

執筆　柳生大穂

デザイン　ili_design

DTP・図版作成　Bound

イラスト　伊藤キイチ

制作にご協力いただいたトレーダー
近藤毅/高田一/真田恵美/工藤浩二
向井忠弘/田所博美

発行人　佐藤孔建

編集人　梅村俊広

発行・発売
東京都新宿区四谷三栄町12-4 竹田ビル3F
スタンダーズ株式会社
TEL:03(6380)6132
https://www.standards.co.jp/

印刷所　三松堂株式会社

●本書の内容についてのお問い合わせは、下記のメールアドレス、もしくは弊社ホームページのお問合わせより、書名、ページ数とどこの箇所かを明記の上、ご連絡ください。ご質問の内容によってはお答えできないものや返答に時間がかかってしまうものもあります。予めご了承ください。

●お電話での質問、本書の内容を超えるご質問などには一切お答えできませんので、予めご了承ください。

●落丁本、乱丁本など不良品については、小社営業部（TEL：03-6380-6132）までお願いします。

e-mail ： info@standards.co.jp

お読みください

FXは、元本の補償がない損失が発生するリスクを伴う取引です。本書は情報の提供を目的としたもので、その手法や知識について勧誘や売買を推奨するものではありません。

本書で解説している内容に関して万全を期しておりますが、その情報の正確性及び完全性を保証するものではありません。製作、販売、および著者は、本書の情報による投資の結果に責任を負いません。実際の投資にはご自身の判断と責任でご判断ください。